어린이 과학형사대 CSI 5

초판   1쇄 발행 | 2009년 2월 18일
개정판 1쇄 발행 | 2024년 9월 2일

지은이 | 고희정
그린이 | 서용남
감 수 | 곽영직

펴 낸 곳 | (주)가나문화콘텐츠
펴 낸 이 | 김남전
편 집 장 | 유다형
편   집 | 김아영
디 자 인 | 양란희
마 케 팅 | 정상원 한웅 정용민 김건우
경영관리 | 임종열

출판 등록 | 2002년 2월 15일 제10-2308호
주   소 | 경기도 고양시 덕양구 호원길 3-2
전   화 | 02-717-5494(편집부) 02-332-7755(관리부)
팩   스 | 02-324-9944
홈페이지 | ganapub.com
이 메 일 | ganapub@naver.com

ⓒ 고희정, 2009

ISBN 978-89-5736-464-2   (74400)
     978-89-5736-440-6   (세트)

* 책값은 뒤표지에 표시되어 있습니다.
* 이 책의 내용을 재사용하려면 반드시 저작권자와 (주)가나문화콘텐츠 양측의 동의를 얻어야 합니다.
* 잘못된 책은 구입하신 서점에서 바꾸어 드립니다.
* '가나출판사'는 (주)가나문화콘텐츠의 출판 브랜드입니다.

• 제조자명 : (주)가나문화콘텐츠
• 주소 및 전화번호 : 경기도 고양시 덕양구 호원길 3-2 / 02-717-5494
• 제조연월 : 2024년 9월 2일
• 제조국명 : 대한민국
• 사용연령 : 4세 이상 어린이 제품

어린이 과학형사대 CSI ⑤

CSI, 새로운 위기에 처하다

글 고희정 · 그림 서용남
감수 곽영직

가나

주인공 소개

박춘삼 교장 (66세)

- 어린이 형사 학교 교장. 똑똑한 어린이들을 모아 CSI를 만든다. 게으르고 잠꾸러기여서 교장실에서 주로 하는 일은 코 골며 잠자기.

어수선 형사 (34세)

- 박춘삼 교장의 조수 겸 형사. 항상 말 많고 어수선하고 덤벙대서 문제를 잘 일으킨다. 그러나 역시 사건이 터지면 박춘삼 교장과 환상의 콤비로 행동한다.

반달곰(12세)

- 동식물에 대한 지식이 깊다. 행동이 아주 느리지만 순수하고 착한 시골 아이. 곰과 비슷한 정도로 덩치가 크고, 힘도 아주 세서 힘쓸 일은 도맡아 한다.

나혜성(13세)

- 백과사전과 같은 잡학의 달인으로, 특히 우주와 지구에 대해 잘 알고 있다. 얼짱 꽃미남이지만 엄청난 잘난 척과 대단한 이기심을 가진 왕재수.

한영재(12세)

- 물리적 현상에 대한 지식과 기계 다루는 솜씨가 뛰어나다. 이미 고등학교 물리, 수학 문제를 다 풀 정도의 뛰어난 영재. 끈질긴 성격과 대단한 집중력이 있다.

이요리(13세)

- 화학적 현상에 대한 지식이 해박하다. 게다가 무엇이든 실험해 봐야 직성이 풀리는 불굴의 실험 정신을 지니고 있다. 요리를 좋아하고 재능도 많다.

차 례

- 새로운 위기에 처하다 • 6

- 사건 1: 한 사채업자의 죽음 • 12
  핵심 과학 원리 – 상태 변화와 열의 이동
  요리가 들려주는 사건 해결의 열쇠 • 38

- 사건 2: 화석 박물관의 비밀 • 42
  핵심 과학 원리 – 화석
  혜성이가 들려주는 사건 해결의 열쇠 • 70

- 사건 3: 한밤의 뺑소니 사고 • 74
  핵심 과학 원리 – 물체의 속력
  영재가 들려주는 사건 해결의 열쇠 • 100

- 사건 4: 연쇄 절도 사건 • 104
  핵심 과학 원리 – 색맹
  달곰이가 들려주는 사건 해결의 열쇠 • 130

- 사건 5: 주유소 화재 사건 • 134
  핵심 과학 원리 – 정전기
  영재가 들려주는 사건 해결의 열쇠 • 160

- 어린이 형사 학교 입학 시험 • 164

특별 활동 : CSI, 함께 놀며 훈련하다! • 170

찾아보기 • 180

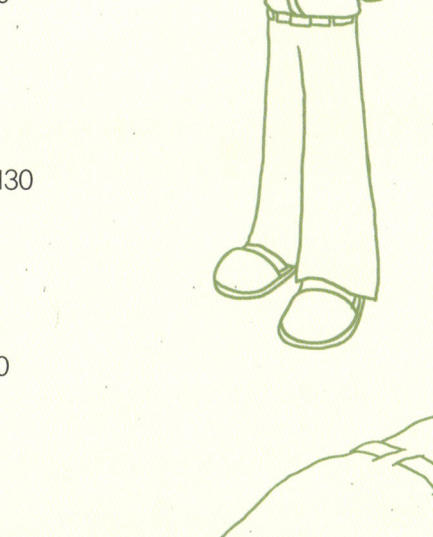

 # 새로운 위기에 처하다

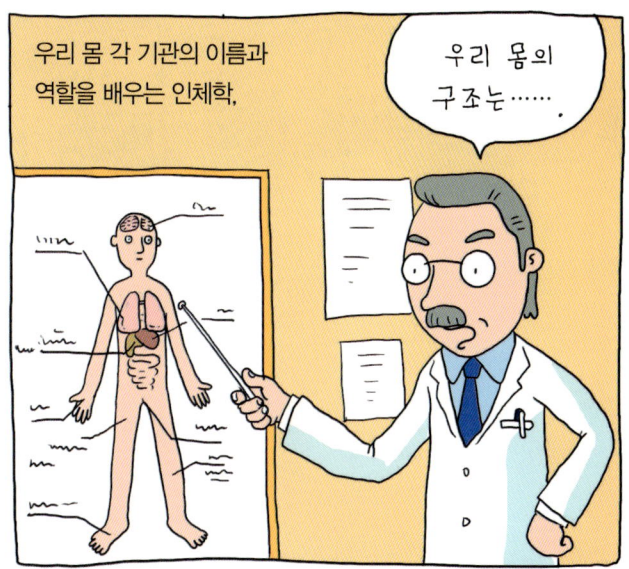

■ 핵심 과학 원리 – 상태 변화와 열의 이동

사건 1

한 사채업자의 죽음

'인정머리라고는 눈꼽만큼도 없고, 참을성도 진작 엿 바꿔 먹은 사람이지.
너희의 일거수일투족을 감시하고 점수로 매길 걸.
가차 없이!'

첫 번째 현장 수행 평가

새 학기가 시작된 지 일주일 후, 9월 중순으로 접어드는 때. 무더위가 가을바람에 밀려가기 싫었는지 후텁지근한 날씨가 계속되었다. 오늘도 아이들은 하루 종일 수업에, 공부에, 정신없는 시간을 보내고 이제 막 9시 뉴스를 다 보았는데, 그때였다.

"찌르르릉~. 찌르르릉~."

갑자기 비상 사이렌이 요란하게 울리는 것이 아닌가. 위급한 상황임을 직감한 아이들은 누가 먼저랄 것도 없이 벌떡 일어났다.

"뭐지? 불났나?"

모두 어리둥절해 있는데, 어 형사가 벌떡 일어나며 말했다.

"으하하하. 드디어 올 것이 왔군."

드디어 올 것이라니? 모두 의아한 표정으로 어 형사를 쳐다보았다. 그러자 어 형사가 덧붙여 말했다.

"드디어 첫 번째 현장 수행 평가를 위한 사건이 내려왔단 말이지. 가만! 현장 도착 시간도 점수에 들어간다고 하던데……."

이런! 말로만 듣던 현장 수행 평가가 시작된 것이다. 그것도 한밤중에 난데없이. 아이들이 총알같이 튀어 나가자 어 형사가 소리쳤다.

"차는 현관에 있어."

아이들이 현관으로 뛰어 내려가 보니, 정말 경찰차가 기다리고 있었다. 경찰차는 아이들이 차에 오르기가 무섭게 달리기 시작했다.

"무슨 사건이지?"

"어디로 가는 거야?"

일단 차에 타기는 했는데 무슨 사건인지, 어디로 가는지도 모르다니. 이렇게 황당할 수가! 바로 그때 무전이 들어왔다. 박 교장이었다.

"첫 번째 현장 수행 평가는 방금 신고가 들어온 숭의동 14번지, 살인 사건. 최선을 다하라."

숭의동이라면 학교에서 차로 10분 정도 거리에 있는 주택가. 다행히 차가 밀리지 않은 덕분에 아이들은 금방 현장에 도착했다.

그런데 벌써 경찰차 한 대가 와 있었다. 아이들이 궁금한 마음으로 들어가니, 척 보기에도 깐깐하게 생긴 여형사가 문을 열어 주었다.

"딱 15분 걸렸군. 형사 학교에서 여기까지의 거리는 15킬로미터. 지금 이 시간에 차가 막혔을 리도 없고, 15킬로미터 오는 데 15분이라……. 별론데! 모두 마이너스 1점."

'헉! 시작부터 마이너스라니, 이럴 수가!'

순간, 아이들의 머릿속에 번쩍! 어 형사가 한 말이 떠올랐다.

'인정머리라고는 눈꼽만큼도 없고, 참을성도 진작 엿 바꿔 먹은 사람이지. 너희의 일거수일투족을 감시하고 점수로 매길 걸. 가차 없이!'

그렇다면 이 사람이 바로 그 정나미 형사! 왠지 싸한 분위기가 흐르고 모두 어찌할 바를 모르고 있는데, 정 형사가 한심하다는 듯 말했다.

"뭐 해? 조사할 생각은 안 하고 서로 눈치만 보다니. 마이너스······."

"아니요! 해요. 해요."

기겁을 하고 일사불란하게 움직이는 아이들. 도대체 이게 웬 날벼락이란 말인가! 그렇게 아이들은 흩어져 각자 맡은 일을 시작했다.

피해자는 59세 사채업자인 사채남. 그리고 신고한 사람은 사채남의 비서인 소지석. 소지석이 발견 당시의 상황을 말해 주었다.

"회장님 심부름을 하고 보고하러 들어왔는데, 현관문이 살짝 열려 있더라고. 이상한 느낌이 들어 얼른 들어와 봤더니 벌써 이렇게······. 그래서 바로 신고한 거야."

27세, 말끔한 검은 정장에 제법 잘생긴 소지석은 당황한 표정이었지만 그래도 차분하게 대답했다.

"그럼 집에 도착한 시간이?"

"9시 3, 40분쯤 됐을 거야."

"피해자는 가족이 없나요?"

"응. 혼자 사셔."

"혹시 없어진 물건은 없습니까?"

"글쎄. 없는 거 같은데……. 혹시나 해서 금고도 봤는데, 다 그대로 있었어."

그렇다면 금품을 노린 강도의 소행은 아니란 말인가?

한편, 요리와 영재는 사건 현장을 조사하기 시작했다. 피해자는 나이트가운을 입고 거실 한가운데에 쓰러져 있었는데, 조금만 다쳐도 생명에 지장을 주는 급소를 칼에 찔린 자국이 있고 얼굴과 몸에 타박상이 보였다. 누군가와 몸싸움을 하다가 칼에 찔려 사망한 모양이었다. 흉기가 현장에 없는 것으로 보아 범인이 가져간 것 같았다. 거실 탁자에는 맥주를 마시려고 했는지 신문 위에 따지 않은 맥주 캔이 하나 놓여 있었다. 둘은 현장을 사진으로 남기기 위해 카메라의 셔터를 눌렀다.

그때 영재의 눈에 띄는 것이 있었으니, 바로 피해자의 손목시계.

"깨졌는데! 쓰러지면서 바닥에 부딪혀 깨진 것 같아."

그러자 요리도 시계를 보더니 놀란 표정으로 말했다.

"시계가 멈췄어. 8시 50분?"

"그렇다면 사망 추정 시간은 8시 50분이겠네."

영재의 말에 요리도 고개를 끄덕였다. 그때 달곰이가 밖에서 누군가 몰래 들어온 흔적이 있는지 조사하고 들어왔다.

"별다른 침입 흔적은 없는데, 대문에 CCTV가 있어."

그러자 소지석이 끼어들며 말했다.

"맞다. 그걸 확인해 보면 누가 들어왔는지 알 수 있겠네."

소지석은 CCTV 데이터를 증거물로 갖다 주었다. 바로 그 순간, 이제껏 한쪽에서 아이들의 행동을 지켜보던 정 형사가 갑자기 소리를 질렀다.

"1차 조사 끝!"

벌써? 시계를 보니, 어느덧 1시간이 지나 있었다.

"앞으로 일주일 안에 사건을 해결해라. 각자 조사한 내용은 그때그때 전화나 이메일로 알려 주면 되고, 모두 점수에 반영된다. 이상!"

말 한마디 한마디가 어 형사와는 어찌나 다른지……. 이름도 정나미여서 그런지 아이들은 있지도 않은 정나미가 뚝뚝 떨어지는 것 같았다.

여하튼 '아닌 밤중에 홍두깨'라고 첫 번째 현장 수행 평가는 전혀 예상치도 못한 상황에서 그렇게 시작되었다. 그것도 끔찍한 살인 사건으로.

 용의자를 찾다

아이들은 돌아오는 내내 왠지 모를 긴장감에 쥐 죽은 듯이 조용했다.

수사 과정 전부가 한 사람, 한 사람의 개별 성적으로 매겨진다니 이제 모든 것이 다른 아이들과 비교되는 것이다. 게다가 일주일 안에 사건을 해결하지 못한다면? 아, 괴롭다!

무거운 마음으로 학교에 돌아오니, 벌써 밤 11시 30분. 하지만 아이들은 잠이 오지 않았다. 그래서 모두 휴게실에 모여 가져온 CCTV 데이터를 확인해 보기로 했다. 다행히 CCTV가 대문 바로 위쪽에 설치되어 있어서 범인이 대문으로 들어왔다면 누군지 금세 찾을 수 있을 것 같았다.

먼저 9시 35분경. 한 남자가 집으로 들어가는 모습이 찍혔는데, 그는 바로 신고를 한 소지석이었다.

"맞네. 아까 9시 3, 40분쯤 왔다고 했어."

혜성이가 말했다.

"그럼 앞으로 더 돌려 봐. 누구 다른 사람이 왔었나."

요리의 말에 영재가 데이터를 앞으로 돌렸다.

"잠깐! 있다!"

멈추고 보니, 한 남자가 황급히 집에서 나오는 것이 아닌가! 시간을 보니, 9시 5분.

"앞으로 더 돌려 봐. 언제 들어갔는지."

데이터를 더 앞으로 돌리자, 8시 30분쯤 그 남자가 벨을 누르는 것이 보였다. 잠시 후, 문이 열리고 남자가 대문으로 들어갔다.

"그럼 8시 30분에 들어갔다가 9시 5분에 나온 거네. 아까 본 피해자의 시계가 몇 시에 멈춰 있었지?"

영재가 묻자 요리가 대답했다.

"8시 50분! 가만, 그럼 이 남자가 범인일 확률이 높은 거 아니야?"

요리의 말에 혜성이가 덧붙였다.

"그래. 그리고 사채남과 아는 사람일 거야. 문을 열어 줬잖아. 사채남과 아는 사이라면? 맞아! 소지석도 알 거야."

그러자 달곰이가 말했다.

"그럼 이 데이터를 소지석한테 보여 주면 되겠네."

어찌 이렇게 일이 쉽게 풀리는지, 잔뜩 긴장해서 시작한 것 치고는 꽤 잘 풀려 나가는 것에 아이들은 기분이 좋아졌다.

다음 날, 혜성이는 급한 마음에 오전 수업을 마치자마자 점심도 거른 채 소지석을 만났다. 그리고 CCTV 데이터를 보여 주었다. 그러자 소지석은 믿을 수 없다는 듯 놀란 표정을 지으며 말했다.

"아니, 이 사람은!"

"아세요, 이 사람?"

"응. '강제수'라고, 소규모 사채업자야."

소지석의 얘기를 들어 보니, 사채남은 사채업자 중에서도 큰손 중의 큰손. 최근 소규모 사채업자 강제수에게 한 회사를 소개해 주었다.

그런데 그 회사가 부도가 나고 사장이 사라지면서 강제수는 빌려 준 돈을 하나도 못 받게 되었다. 그러자 계속 회사로 사채남을 찾아오더니, 그날 소지석에게 전화로 사채남의 집 위치를 물었다는 것이 아닌가.

그렇다면 확실히 유력한 용의자. 사채남의 소개로 인해 엄청난 손해를 보게 된 강제수가 홧김에 사채남을 찾아가 범행을 저지른 것이 아닐까? 물론 처음부터 계획된 범행인지, 아니면 싸우다가 우발적으로 저지른 범행인지는 좀 더 알아봐야겠지만 말이다.

곧바로 경찰이 강제수의 집으로 출동했다. 그러나 강제수는 어젯밤 집에 들어오지 않았다고 했다. 벌써 도망친 것일까? 그렇다면 강제수가 범인임이 더욱 더 확실하다. 곧바로 전국에 수배령이 내려졌다.

"역시 혜성이 형은 대단해."

달곰이가 혜성이를 치켜세웠다. 하지만 영재는 기분이 좋지 않았다. 솔직히 CCTV는 달곰이가 찾아냈고, 모두 같이 데이터를 보았다. 그런데 혼자 소지석을 만나 사건을 해결하려 하다니, 점수가 걸려 있어서 그런 것이 아닌가 하는 서운한 생각이 들었다. 하지만 지금은 무엇보다 사건 해결이 우선이다. 영재는 곧 마음을 달랬다.

그리고 다행히 그날 저녁, 강제수를 잡았다는 연락이 왔다. 강원도 속에 있는 한 여관에서.

"자살하려고 했다는데!"

어 형사의 말에 아이들은 모두 소스라치게 놀랐다.

"여관 주인이 어떤 손님의 낌새가 이상하다고 경찰에 신고했대. 가 보니 유서를 쓰고 화장실에서 목을 매 자살하려고 해서 겨우 막았는데, 그 사람이 강제수였다는 거야. 조금만 늦었어도 큰일 날 뻔했대."
그러자 요리가 말했다.
"그럼 우발적으로 범행한 후, 죄책감에 자살하려고 한 걸까요?"
"그럴 확률이 높겠지. 일단 근처 병원으로 옮겨져 치료받고 있다니까, 내일 아침에 서울로 데려오면 밝혀지겠지."
아무튼 가장 유력한 용의자가 잡혔다니, 아이들은 정말 다행이라는 생각이 들었다. 일주일 안에 사건을 해결하지 못하면 0점. 그런 끔찍한 사태는 막을 수 있으니 말이다.

강제수, 범행을 부인하다

그런데 다음 날 아침, 서울로 온 강제수는 펄쩍 뛰며 자신의 혐의를 부인했다. 죄책감에 자살하려고 했다면 순순히 자백해야 하지 않는가?
"CCTV에 당신이 왔다 간 거 다 녹화되어 있는데, 딴소리 할 거예요?"
혜성이와 함께 심문에 들어간 정나미 형사가 카랑카랑한 목소리로 소리를 질렀다. 그러나 강제수는 기막히다는 표정으로 말했다.
"이건 모함이에요. 물론 죽이고 싶다는 생각이 들긴 했어요. 내 피 같은 돈을 하루아침에 다 날려 버렸는데 왜 그런 생각이 안 들었겠어요.

게다가 사 회장은 처음부터 이럴 줄 알면서 나를 끌어들인 거예요. 그것도 모르고 난 사 회장을 믿었죠. 그런데 자기가 투자한 돈은 회사가 부도나기 직전에 다 빼 가고 나한테는 말도 안 했어요."

"그래서 며칠째 사채남을 찾아가고, 어젯밤에도 찾아갔나요?"

"네. 어떻게 조금이라도 건질 방법이 없나 해서요. 게다가 그 회사 사장을 사 회장이 숨겼다는 소문도 있고요. 그래서 확인해 보려고 갔어요. 그랬더니 완전히 나 몰라라 하더라고요. 자신은 전혀 관여 안 했다, 다 소 실장이 알아서 한 거다. 그게 말이 됩니까? 사 회장이 얼마나 철저하고 악랄한 인간인데 비서한테 그런 일을 맡겼겠어요."

"그래서 화가 나서 죽였나요?"

이번에는 혜성이가 물었다.

"사람은 다 죽게 생겼는데 나 몰라라 하는 게 정말 죽이고 싶도록 미웠어. 하지만……. 하지만 그럴 수는 없었어, 흑흑흑. 그래서 그냥 몇 대 때리고 나왔는데……. 정말이야. 정말이에요, 흑흑흑."

강제수는 혜성이와 정 형사를 번갈아 쳐다보며 자신의 무죄를 믿어 달라고 울부짖었다. 혜성이가 다시 물었다.

"그런데 왜 자살하려고 했죠? 우발적으로 사채남을 죽이고 나니 죄책감이 들어 자살하려고 한 거 아닌가요?"

"아니야. 아니라니까. 그냥 죽고 싶었어. 더 이상 희망이 없는데 살아서 뭐 하겠어, 흑흑흑."

　　정 형사는 흐느껴 우는 강제수의 모습을 아무 말도 없이 물끄러미 쳐다보았다. 그러더니 갑자기 벌떡 일어나 나가며 말했다.
　　"네, 알았습니다. 수고하셨습니다."
　　갑작스런 정 형사의 행동에 혜성이는 어리둥절했다. 그래서 얼른 정 형사를 따라 나왔다. 정 형사가 싸늘한 표정으로 물었다.
　　"나혜성, 강제수 씨한테서 범행 도구 발견됐나?"
　　갑작스런 물음에 당황한 혜성이는 얼버무리며 대답했다.
　　"네? 아, 아니요. 없었는데……."
　　"그럼 혈흔은? 사건 당일 입었던 옷 조사해 봤어?"
　　"네. 그런데 없었어요."

"그래? CCTV 데이터 말고 강제수 씨가 범인이라는 증거는 뭐지?"

혜성이는 할 말이 없었다. 현장에서 발견된 시계가 8시 50분에 멈춰 있었고, 그 시간 사채남의 집에 강제수가 있었다는 사실, 그 외에는 다른 어떤 증거도 없으니 말이다. 정 형사가 단호한 목소리로 말했다.

"정확한 증거도 없이 용의자를 지목하고 연행한 점, 마이너스 5점."

이런! 전혀 예상치 못한 결과다. 물론 너무 빨리 용의자가 밝혀지고 너무 쉽게 용의자를 체포한 것이 찜찜하지만, 그래도 플러스 점수는커녕 마이너스. 그것도 5점씩이나! 혜성이는 아무런 생각도 나지 않았다.

다른 용의자를 찾아라!

다 됐다 싶었는데 수사는 원점으로 되돌아갔다. 아이들은 모두 할 말이 없었다. 게다가 혜성이의 점수가 5점이나 깎였다는 사실이 남의 일 같지 않았다. 한참을 무거운 침묵이 흐르자, 요리는 갑자기 답답해졌다. 날씨까지 후텁지근하니 더 짜증이 났다. 요리는 벌떡 일어나 냉장고에서 시원한 음료수를 꺼내 왔다. 그리고 하나씩 나누어 주며 말했다.

"괜찮아, 괜찮아. 아직 4일이나 남았잖아. 혜성아, 괜찮지?"

그렇게 요리가 나서서 분위기를 띄워 주니, 다른 아이들도 조금은 힘이 나는 것 같았다. 모두 요리가 건넨 음료수를 마셨다. 상큼한 맛의 음료수가 목을 타고 내려가자, 한결 기분이 좋아졌다.

"역시 요리 누나가 최고야."

달곰이가 웃으며 말하자, 영재도 한마디 했다.

"맞아. 더울 땐 차가운 음료수가 최고라니까."

그렇다. 늦지 않았다. 다시 처음부터 시작해도 충분하다. 바로 그때였다. 갑자기 요리가 멈칫하더니 소리쳤다.

"가만! 음료수? 차가운 음료수? 그래, 맥주! 영재야, 현장 사진 어디 있지? 빨리, 빨리 좀 찾아 줘."

요리의 재촉에 영재가 재빨리 현장 사진을 가지고 왔다. 사건이 일어난 날에 현장에서 요리와 영재가 직접 찍은 사진. 사채남이 쓰러져 있는 모습과 거실 여기저기의 모습이 담겨 있었다. 요리는 사진을 한참 뒤졌다. 그러더니 탁자 위에 사진 한 장을 내려놓으며 말했다.

"이거야! 바로 이거!"

아이들은 모두 사진을 들여다보았다. 탁자 위에 놓인 신문과 맥주 캔을 찍은 것이었다.

"이게 왜? 뭐가 이상한데?"

달곰이가 묻자 요리가 대답했다.

"탁자 위에는 아직 따지 않은 맥주 캔이 놓여 있어. 이 사실로 볼 때 사채남은 죽기 전에 맥주를 꺼내 마시려고 했다는 것을 알 수 있지. 그런데 그때 누군가 왔고, 바로 그 사람한테 죽임을 당했기 때문에 맥주를 마시지 못한 거야."

"그래. 그건 다 아는 거잖아."

영재가 말했다.

"그래. 그런데 잘 봐. 한 가지 이상한 점은 이 맥주 캔 겉에 아직 물방울이 맺혀 있다는 거야. 공기 중에는 아주 많은 수증기가 있지. 그리고 기체인 수증기는 차가운 물체를 만나면 열을 내보내 액체인 물이 되거든. 차가운 새벽에 이슬이 맺히는 것과 같은 원리지. 그러니까 이 물방울도 공기 중에 떠다니던 수증기가 차가운 맥주 캔에 닿으면서 생긴 거야. 그리고 여길 봐. 캔 밑에 있는 신문지도 젖어 있어."

"그야 캔에 생긴 물방울이 흘러내려서 그랬겠지."

혜성이가 당연하다는 듯 말하자, 요리가 덧붙였다.

"그래. 그런데 시간이 지나도 이 물이 계속 남아 있을까? 가뜩이나 더운 날씨에 어느 정도 시간이 지난 후라면, 맥주 캔의 물방울도, 젖어 있던 신문지의 물도 다시 수증기가 되어 증발했을 거야."

"흠. 사건 추정 시간은 8시 50분. 우리가 도착한 시간은 10시 5분. 최소한 1시간 15분이 흘렀는데, 그렇다면 다시 말라 있어야 되겠다."

달곰이의 말에 요리가 고개를 끄덕이며 말했다.

> **김은 수증기일까?**
>
> 주전자에 물을 끓이면 주둥이에서 하얗게 나오는 것을 볼 수 있지? 그것을 '김'이라고 해. 보통 김을 수증기와 같은 것으로 여기지만, 사실은 그렇지 않아. '수증기'란 기체로, 우리 눈에는 보이지 않아. 김은 공기 중에서 수증기가 식어서 생긴 액체, 즉 작은 물방울이지. 물이 끓는 주전자의 주둥이를 잘 보면 바로 위에서는 김이 안 보이고, 조금 올라간 곳에서부터 보여. 물이 끓어 수증기가 되었다가 주변의 찬 공기를 만나 다시 물방울, 즉 김이 되기 때문이지.

"바로 그거야. 사건은 8시 50분이 아니라, 우리가 도착하기 전 최대 2, 30분 안에 일어났다는 말이 되는 거지."

그러자 영재가 또다시 의문을 제기했다.

"그럼 이상하잖아. 시계는 분명히 8시 50분에 멈춰 있었는데."

"혹시……. 조작된 거라면?"

그래! 요리의 말에 일리가 있다. 왜 그 생각을 못했지! 영재가 고개를 끄덕이며 말했다.

"그럴 수도 있겠다. 생각해 보니까 사채남의 손목시계는 정확히 8시 50분에 멈춰 있었어. 아주 정확하게. 48분도, 49분도, 51분도 아닌 딱 50분. 어떻게 그렇게 정확할 수 있지?"

그러자 달곰이가 덧붙였다.

"또 있어. 분명히 사채남은 나이트가운을 입고 있었잖아. 그럼 곧 잘 거라는 얘긴데, 왜 그때까지 손목시계를 차고 있었을까? 보통 손목시계는 집에 들어오면 풀어 놓지 않나?"

"그렇지. 그럼 범인이 사채남을 죽이고 나서 일부러 범행 시간을 조작하기 위해 8시 50분으로 시계를 맞추고 그걸 깨뜨린 다음 다시 손목에 채웠다? 그렇다면 범인은 8시 50분으로 시간을 맞추면 자신이 용의 선상에서 벗어날 수 있다고 생각했다는 건데!"

요리의 말이 끝나자마자 모두 동시에 소리를 질렀다.

"소지석!"

"그래. 내가 대문에 CCTV가 있다고 했더니, 바로 끼어들어서 그걸 확인해 보면 누가 들어왔는지 알 수 있겠다고 했어. 그러면서 말도 안 했는데 데이터를 갖다 줬잖아."

달곰이의 말에 혜성이도 이상하다는 듯 말했다.

"그날 오후, 강제수에게 사채남의 집을 가르쳐 준 사람이 바로 소지석이야. 그리고 아까 강제수가 그러는데, 사채남이 강제수에게 자신은 이번 일에 대해 모른다고 하면서 모두 소 실장이 한 거라고 했대."

그러자 영재가 고개를 끄덕이며 말했다.

"좋아. 그럼 일단 소지석에 대해 자세히 조사해 보자. 만약 소지석이 사채남을 죽였다면, 이유가 있었을 거 아냐."

그렇다. 사채남의 돈을 노렸든지, 뭔가 다른 이유가 있었을 것이다.

"사건 현장에도 한 번 더 가 보자. 소지석이 집에 들어간 시간이 9시 35분. 그리고 우리가 도착한 시간이 10시 5분. 그전에 정 형사님이 먼저 와 있었으니까, 분명히 집 안 어딘가에 범행 도구를 숨겨 놨을 거야. 시간이 충분치 못했으니까."

요리의 말에 달곰이도 덧붙였다.

"아! 우리 루미놀 검사도 의뢰해 보자. 분명히 피 묻은 손을 씻었을 테니까 화장실에 핏자국이 남아 있을 거야."

루미놀 검사란?

루미놀 검사는 피가 묻은 자국을 알아내는 데 쓰이는 대표적인 검사야. 루미놀 시약에 과산화수소수를 섞어서 피가 있을 것으로 추정되는 부위에 뿌리면 피에 들어 있는 '헤민'이라는 물질과 만나 청백색의 형광을 내는데, 1만~2만 배로 농도가 묽어진 피도 검출해 낼 수 있다고 해. 그래서 최근 과학 수사에 자주 사용되지.

역시 '백짓장도 맞들면 낫다.'는 말이 맞다. 모두 머리를 모으니 새로운 길이 열리지 않는가!

소지석은 누구일까?

다음 날, 혜성이와 영재는 사채남과 소지석의 관계를 조사해 본 결과, 정말 예상치도 못한 사실을 알게 되었다.

사채남과 친했던 다른 사채업자의 말에 따르면, 소지석이 사채남의 비서가 된 것은 2년 전. 갑자기 사채남을 찾아와 밑에서 일하게 해 달라고 했을 때, 사채남은 들은 척도 않았다고 한다. 그러나 매일 찾아와 조르는 소지석을 보고, 사채남은 그 끈질김에 마음이 동했다고 한다.

"그래서 사 회장이 돈 받아 오는 심부름도 시켜 보고, 투자 전망도 점쳐 보게 하고……. 몇 번 시험을 쳤지. 그런데 꽤 쓸 만하거든. 그러더니 요즘은 아예 소 실장한테 다 맡겼던 거 같더라고."

그렇다면 사채남이 강제수에게 소지석이 다 알아서 했다고 말한 것이 맞는데, 왜 소지석은 사채업자가 되려고 했을까? 뭔가 사채남과 얽힌 일이 있어서 일부러 접근한 것이 아닐까? 그리고 부도날 회사에 강제수를 끌어들인 것도 계획적인 행동이 아니었을까?

"혹시 피해자가 다른 사람에게 큰 피해를 입혔다거나 해서 원한을 산 적은 없었나요?"

"없긴 왜 없어. 그 친구 워낙 돈에는 무서웠던 사람이라……. 아마 한 트럭은 될걸."

"특별히 기억나는 사건 같은 거 없으세요?"

"글쎄……. 아, 맞다. 한 10년 전인가? 큰일이 한 번 있었지."

"큰일이요?"

"그래. 중소기업 사장한테 사채를 줬는데 회사가 부도가 나는 바람에 돈을 못 갚으니까 사 회장이 좀 심하게 괴롭힌 모양이야. 사장도 죽고, 그 부인도 죽었다지 아마."

그래, 바로 이거다! 학교로 돌아온 혜성이와 영재는 얼른 소지석의 신원 조회부터 해 보았다. 그런데 아무리 찾아도 소지석에 대해 찾을 수 없었다. 그렇다면 본명이 아니라는 말인데!

그래서 둘은 곧바로 10년 전 일어난 자살 사건에 관한 자료를 모조리 찾기 시작했다. 그 시기에 일어난 사건은 컴퓨터로 저장되어 있지 않은 터라 사건 기록부를 일일이 뒤져야 했다. 둘은 세 시간이 넘도록 사건 기록부를 뒤졌는데, 갑자기 영재가 소리를 질렀다.

"이거다!"

양한철. 한철 기업 사장.

회사 부도 후 자살. 그리고 한 달 후, 그의 아내 김나영. 남편의 자살과 사채에 대한 압박으로 자살.

"이거 봐. 아들이 하나 있어. 17세, 양지석. 가만, 양지석?"

양지석으로 신원 조회를 해 보니, 맞다! 그는 소지석이었다!

10년을 꿈꾼 복수

한편, 달곰이와 요리는 사건 현장을 다시 살펴보았다. 탁자 위에 있는 맥주 캔의 겉은 다 말라 있었지만, 그 밑에 있던 신문지는 쭈글쭈글했다. 젖었다가 마른 것이 분명했다. 아이들은 일단 범행에 사용된 칼을 찾기 위해 집안 구석구석과 넓고 넓은 마당을 샅샅이 뒤지고 다녔다.

그리고 마침내 지하 보일러실 안쪽에서 칼 하나를 발견했다. 칼은 깨끗이 닦여서 신문지에 둘둘 말려 있었다. 범행 후 손을 닦으면서 함께 닦은 것으로 보였다.

그 시간, 집 안 화장실에서는 루미놀 검사가 이루어졌다. 예상대로 세면대 여기저기에서 반짝반짝 형광색이 나타났다. 핏자국을 발견한 것이다.

"이젠 소지석도 꼼짝 못할 거야."

요리의 말에 달곰이는 고개를 저었다.

> **종이가 젖었다 마르면 쭈글쭈글해지는 이유는?**
>
> 종이는 겉으로 보기에 매끈해 보이지만 가느다란 섬유가 얼기설기 엮여 있고 그 사이에는 눈에 보이지 않는 구멍이 많이 있어. 이 구멍에 물 분자가 들어가면 종이를 구성하는 섬유 사이의 결합력을 약하게 만들어 변형이 일어나는데, 물이 증발하면 섬유가 그 상태에서 다시 균형을 잡기 때문에 원래 모양으로 돌아가지 못하고 쭈글쭈글해지는 거야.

"아니야. 그날 소지석이 입고 있던 옷도 조사해 봐야겠어. 거기서도 루미놀 반응이 나오면 더 확실한 증거가 될 거야."

"그래, 그러자!"

곧바로 소지석이 연행되고, 그가 그날 입은 옷을 찾아내 루미놀 검사를 했다. 그리고 예상대로 양복 소매 끝에서 핏자국이 발견되었다.

결국 철저하게 준비된 증거물 앞에서 소지석은 자신의 범행을 자백할 수밖에 없었다. 소지석은 너무도 억울하다는 표정을 지으며 말했다.

"맞아요. 내가 죽였어요. 아버지가 계속 불어나는 사채 이자를 감당하지 못해서 자살하신 그날도 그 인간은 우리 집에 찾아와 어머니를 협박했어요. 어머니는 집 밖까지 따라 나가서 살려 달라고 애원하셨죠.

하지만 그 인간은 어머니를 무참하게 밀치고 가 버렸어요. 결국 어머니도 돌아가시고, 나는 순식간에 고아가 되었죠. 지난 10년, 내가 어떻게 살았는지 알아요? 단 하나, 그 인간에게 복수하겠다는 일념으로 버티고 산 거예요. 그 인간은 당연히 치러야 할 죗값을 치른 거라고요."

"그렇다고 죄 없는 강제수 씨를 살인자로 만들어요?"

박 교장이 버럭 소리를 질렀다. 그러나 소지석은 당당히 말했다.

"내가 왜 그 인간 때문에 감옥에 가야 되죠? 강 사장한테는 좀 미안하지만 강 사장도 똑같은 사채업자잖아요. 나도 이젠 사람답게 살아야 되지 않겠어요?"

박 교장은 10년이란 긴 세월 동안 그의 마음 속 깊이 응어리진 아픔을 이해할 수 있었다. 도대체 돈이 무엇인지, 돈 때문에 사람이 죽고, 돈이 한 사람의 인생을 좌지우지하는 세상이 너무도 무섭다고 생각했다. 하지만 그렇다고 소지석이 한 일이 용서받을 수는 없는 일이다.

"강제수 씨에게도 어린 아들이 있더군요. 그 아들은 이번 사건에 대해, 그리고 당신에 대해 어떤 생각을 할 것 같습니까?"

박 교장의 갑작스런 질문에 소지석은 당황하는 빛이 역력했다. 그러더니 가만히 고개를 떨구었다.

아이들은 우여곡절 끝에 사건 발생 나흘 만에 멋지게 사건을 해결했다. 첫 번째 현장 수행 평가는 그럭저럭 성공적으로 마친 셈. 정 형사도 내심 만족하는 눈치고, 아이들도 자신감을 되찾았다. 물론 이 틈을 놓칠리 없는 어 형사, 정 형사에게 괜히 거들먹거리며 한마디 한다.

"거 봐. 애들이 다 내가 키운 형사들 아니냐! 어때? 이 선배가 멋있지? 대단하지?"

"어떻게 선배는 학교 때나 지금이나 하나도 안 변했어요? 이제 멘트 좀 업그레이드하시죠."

"뭐? 업, 업그레이드?"

"그래. 참 지겹지? 나도 너무너무 지겨워."

박 교장까지 합세를 하니, 결국 KO패를 당하고 마는 어 형사.

쯧쯧, 그럼 그렇지. 하지만 아이들은 그런 어 형사가 더 좋으니, 어찌 된 일인가!

요리가 들려주는
사건 해결의 열쇠

첫 번째 현장 수행 평가로 내려온 살인 사건, '한 사채업자의 죽음'을 해결하기 위한 열쇠는 바로 물질의 상태 변화에 대해 잘 아는 거야.

💡 열의 이동에 따른 상태 변화

우리 주변의 물질은 고체, 액체, 기체의 세 가지 상태 가운데 하나로 존재해. 그리고 물질의 상태는 열이나 압력에 의해 변하지. 그 이유는 무엇일까? 그걸 알기 위해서는 '분자'에 대해 알아야 해. '분자'란 물질의 성질을 가지는 가장 작은 알갱이를 말해. 고체는 분자 사이의 간격이 좁고, 단단하게 결합되어 있어. 분자는 제자리에서 진동하지만, 다른 곳으로 움직이지는

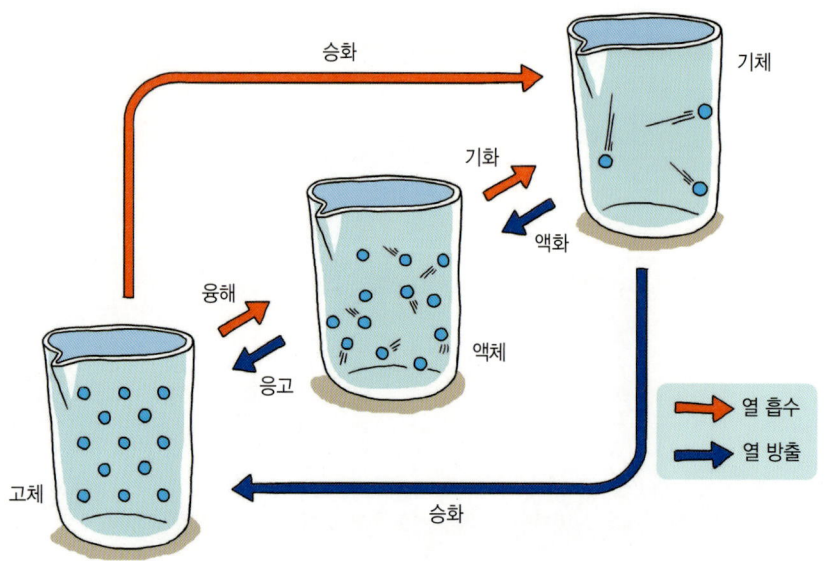

〈열의 이동에 따른 물질의 상태 변화〉

않아. 그런데 고체에 열을 가하면 그 열에너지 때문에 분자의 운동이 활발해지고 결국 결합이 끊어지는데, 이 상태가 액체야.

　액체는 고체보다 분자 사이의 간격이 넓고 결합도 느슨하지만 분자 사이에 잡아당기는 힘이 있어. 액체에 열을 가하면 분자의 운동이 더욱 활발해져 잡아당기는 힘이 영향을 미치지 못하는 상태가 되는데, 이런 상태가 기체야. 기체 분자는 움직일 수 있는 모든 공간 안에서 자유롭게 움직이지.

💡 상태 변화와 열의 이동

1. 융해와 응고

　고체가 액체로 변하는 현상을 '융해'라고 해. 이때는 필요한 열을 주변에서 가져오지. 얼음을 손에 잡고 있으면 얼음이 녹으면서 시원하잖아? 얼음이 융해되면서 필요한 열을 우리 손에서 가져오기 때문이지.

　반대로 액체가 고체로 변하는 현상을 '응고'라고 하는데, 이때는 가지고 있던 열을 주변으로 내보내지. 추운 겨울에는 귤나무에 물을 뿌리는데, 이는 물이 얼면서 내보내는 열로 귤이 얼지 않게 하기 위해서야.

융해하는 얼음　　　　　　　응고하는 물

〈융해와 응고의 예〉

2. 기화와 액화

액체가 기체로 변하는 현상을 '기화'라고 해. 이때는 필요한 열을 주변에서 가져오지. 무더운 여름, 마당에 물을 뿌리면 시원하지? 물이 기화되면서 주변의 열을 가져오기 때문이야.

반대로 기체가 액체로 변하는 현상을 '액화'라고 해. 이때는 가지고 있던 열을 주변으로 내보내지. 새벽에 맺히는 이슬은 공기 중의 수증기가 액화해서 생기는 거야. 이때 주위는 따뜻해지지.

기화하는 물

액화하는 수증기

〈기화와 액화의 예〉

3. 승화

어떤 물질은 고체에 열을 가하면 액체 상태를 거치지 않고 바로 기체가 되고, 반대로 기체 상태에서 열을 빼앗으면 바로 고체가 돼. 이런 현상을 '승화'라고 해. 드라이아이스를 공기 중에 두면 흔적도 없이 사라지는데, 이는 고체에서 승화하여 기체로 변하기 때문이야. 이때 주변에

〈승화하는 드라이아이스〉

서 열을 가져오기 때문에 드라이아이스 주위는 시원하지.

💡 압력에 의한 상태 변화

상태 변화는 압력 때문에 일어나기도 해. 보통 압력을 가하면 기체는 액체가 되고, 액체는 고체가 되지. 상온에서 기체인 부탄가스나 프로판가스는 아주 높은 압력을 가해 액체로 만들어 통에 담으면 편리하게 옮길 수 있지.

그런데 반대의 경우도 있어. 액체 상태인 물보다 고체 상태인 얼음의 부피가 더 큰 물의 경우는 얼음에 압력을 가하면 물이 돼. 스케이트는 얼음판 위에서 잘 미끄러지지? 날카롭고 좁은 스케이트 날 위에 몸무게가 실리면 얼음판 위에 압력이 작용하고, 그러면 순간적으로 얼음이 녹아 물이 돼. 그 물이 얼음판과 스케이트 날 사이의 마찰을 줄여 주기 때문이야.

그러니까 생각해 봐. 공기 중의 수증기가 냉장고에서 막 꺼낸 차가운 맥주 캔의 표면에 닿으면 액화되어 물이 되지. 그래서 캔 겉면에 물방울이 맺힌 거야. 하지만 시간이 지나면 이 물방울은 다시 수증기로 기화돼. 따라서 캔 겉면에 물방울이 아직 있다는 것은 맥주를 내놓은 지 얼마 되지 않았다는 증거야. 즉, 사건이 우리가 도착하기 얼마 전에 일어났다는 거지. 그래서 사건이 일어난 시간이 조작되었다는 것을 알게 된 거야. 어때, 이젠 알겠지?

■ 핵심 과학 원리 – 화석

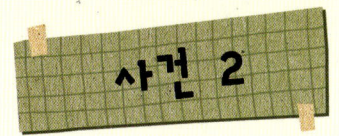

화석 박물관의 비밀

"우리 시에서 지금 화석 박물관을 세우고 있거든.
그 일을 내가 맡고 있는데, 아무래도 좀 석연치 않은 부분이 있어서."

수상한 공개 입찰

"따르르릉~. 따르르릉~."

"여보세요? 어린이 형사 학교 어수선입니다."

"와, 수선이구나! 오랜만이다!"

수선이? 어 형사도 아니고, 어수선 씨도 아니고, 수선이라니.

'감히 나를 이렇게 부르는 사람이라면, 친구? 그런데 누구지?'

"나야, 나. 송창민."

송창민. 초등학교 6학년 때 친구. 꽤 어울려 다니던 친구였는데, 졸업 후 연락이 끊겼다가 지난해 우연히 길에서 만났다. 그때 연락처를 주고받았는데, 서로 바쁘다 보니 또다시 흐지부지 못 만나고 말았었다. 그런데 그 친구가 갑자기 웬일일까?

"너 형사 됐다고 했지? 그래서 말인데, 한번 만나자. 의논할 게 있어."

그래서 그날 점심시간, 어 형사는 친구 송창민과 만나게 되었다.

"내가 공무원인 건 알지? 지금 문화시 문화 예술과에 있어. 우리 시에서 지금 화석 박물관을 세우고 있거든. 그 일을 내가 맡고 있는데, 아무래도 좀 석연치 않은 부분이 있어서."

"그래? 뭔데?"

"화석 박물관에 전시할 화석을 들여오려고 화석 수입 판매사 한 곳을 정하려고 공개 입찰을 했거든. 모두 세 곳의 회사가 경쟁을 했지. 처음에는 세 곳 다 비슷비슷한 가격에 조건도 비슷해서 아무래도 그중 경력이 가장 오래된 '대한 화석'이 될 확률이 높았거든. 그런데 최종 결정 바로 전날, '우리 화석'이라는 회사가 갑자기 가격을 대폭 낮춰 최저가를 써낸 거야. 마치 누가 알려 주기라도 한 것처럼."

"그래? 그럼 짚이는 사람이라도 있어?"

송창민은 잠시 망설이더니, 결심한 듯 말을 이었다.

"나만득이라고 시 의원인데, 사실 이 화석 박물관을 세우자고 처음 제안한 사람이 그 사람이거든. 시 의원 선거 유세 때부터 화석 박물관을 세우는 것을 주요 공약으로 내세웠지."

"그렇다고 나 의원이 이 일과 관련 있다고 확신할 순 없잖아."

"물론 그렇지. 그런데 화석 공급처를 정하는 마지막 회의에서 우리 화석이 갑자기 가격을 낮췄다고 하자, 이제껏 대한 화석을 밀던 사람도 우리 화석을 적극 미는 거야. 그래서 우리 화석으로 정해졌지."

"이유가 있을 거 아냐? 갑자기 생각을 바꾼."

"박물관을 세우는 데 50억 원이라는 큰돈이 들어가는데, 국민의 세금을 조금이라도 아껴야 한다는 거지. 더 싸게 넣겠다는 곳이 있는데 비싼 곳을 선택할 순 없다는 거야."

"그럼 우리 화석과 나만득 의원 사이에 무언가 대가가 오간 증거는?"

"거기까지는 아직 잘 모르겠어. 나 의원이 우리 화석 장사군 사장의 대학 선배라는 말도 있고, 또 시 의원 선거 당시 누군가 선거 자금을 댔다는 소문도 있었거든. 하지만 사실인지는 잘 모르겠어. 솔직히 그냥 넘어갈까 그동안 고민도 많이 했는데, 영 찜찜해서……. 그러니까 바쁘겠지만 네가 좀 알아봐 줘라."

"음……. 그래. 그런데 혹시 문제가 있다는 게 드러나면 네가 피해를 보지는 않을까?"

"그렇다고 묻어 둘 순 없지. 이건 입찰 관련 서류야."

이제 생각해 보니, 송창민은 어렸을 때에도 꽤나 정의로운 친구였다. 워낙 각박한 세상인지라 불의를 보면 서로 먼저 피해 가려는 사람들이 대부분인데, 그래도 아직까지 정의를 위해 몸을 사리지 않는 친구가 있다니! 어 형사는 마음이 따뜻해졌다.

조사를 시작하다

학교로 돌아온 어 형사는 일단 나만득에 대해 조사하기 시작했다. 나만득, 62세. 전직 회계사로 현재 문화시의 시 의원. 송창민의 말대로 선거 유세를 할 때 문화시의 지적 수준을 높이고 외부 관광객을 끌어들이기 위해 '화석 박물관 건립'을 주요 공약으로 내세웠으며, 시 의원에 당선되자마자 제일 먼저 추진한 사업 역시 '화석 박물관 건립'이었다. 워낙 큰돈이 드는 사업이라 망설이던 시장을 문화 사업만이 시를 살리는 길이라며 끈덕지게 설득해 결국 허락을 받아 냈다고 한다.

게다가 선거를 할 때 다른 후보들보다 훨씬 많은 돈을 썼고 그 출처가 분명하지 않아 누군가 뒷돈을 댄다는 말도 돌았다니, 처음부터 우리 화석과 남모를 거래를 통해 화석 박물관 건립을 추진한 것은 아닐까?

어 형사는 송창민이 전해 준 입찰 관련 서류를 살펴보았다. 거기에는 화석 박물관에 전시할 화석 300여 점의 수입과 공급에 대한 계약 조건과 금액 등이 적혀 있었고, 전시할 화석의 상세한 목록도 있었다.

세 회사가 제시한 서류를 비교해 보니, 우리 화석은 다른 회사에서 제시한 가격보다 6억 원이나 싼 금액을 제시했다. 사실 옛말에 '밑지는 장사 없다.'고 우리 화석이 그런 손해를 보면서까지 이 사업에 뛰어들었을 리는 당연히 없을 테고, 그렇다면 분명히 그만한 돈을 손해 봐도 괜찮은 뭔가가 있다는 얘기가 아닌가! 그렇다면 과연 그게 무엇일까?

문득 어 형사가 시계를 보니, 어느덧 아이들 수업이 끝날 시간. 가만, 아이들한테 말해 볼까? 화석 박물관이라면 관심을 가질 법도 한데…….

어 형사는 아이들을 불렀다. 그리고 송창민에게 들은 내용과 나만득에 대해 조사한 것을 말해 주었다. 그랬더니 역시나 예상대로 화석 박물관이라는 말이 끝나자마자 혜성이가 흥분하기 시작했다.

"멋지다! 제가 도울게요, 어 형사님. 네?"

다른 아이들도 얼른 외쳤다.

"저도요. 저도요."

"괜찮겠어? 너희, 공부하느라 바쁘잖아."

어 형사는 아이들을 생각하는 척했다. 아이들은 일제히 말했다.

"아니에요. 하나도 안 바빠요."

'으흐흐, 걸려들었어.'

"그래, 정 그렇게 하고 싶으면 같이 해 보자."

"야호!"

아이들은 좋아서 어쩔 줄 몰랐다. 역시 우리의 순진한 CSI라니까!

화석 박물관에 가다

아이들과 어 형사는 역할을 나누었다. 어 형사는 나만득에 대해 좀 더 캐 보기로 하고, 요리와 달곰이는 우리 화석에 대해 조사하기로 하고, 혜성이와 영재는 개관을 앞둔 화석 박물관에 가 보기로 했다.

그런데 혜성이와 영재는 수사를 시작하기도 전에 한 가지 난관에 부딪혔다. 아직 문도 열지 않은 화석 박물관을 무작정 찾아갈 수는 없는 일이었던 것이다. 하지만 '두드리면 열릴 것이다.'라는 말도 있지 않은가!

혜성이와 영재는 고민 끝에 한 가지 묘안을 생각해 냈다. 어린이 과학 기자로 위장, 화석 박물관 개관 준비 모습을 취재한다는 구실로 박물관에 들어가기로 한 것이다. 물론 송창민이 적극적으로 나서 박물관 건립의 실무 책임을 맡은 문화 예술과 최훈 과장에게 허락을 받아 주었다. 게다가 홍보가 제일 중요하다며 최훈이 직접 안내까지 하겠다고 해서, 아이들은 그를 따라 박물관으로 갔다.

개장 10일 전이라 그런지 박물관 안은 아직 어수선했고, 전시할 화석들도 다 들어와 있지 않은지 여기저기 빈자리가 눈에 띄었다.

"전시물이 아직 다 안 들어왔나 봐요?"

혜성이가 묻자 최훈이 대답했다.

"외국에서 수입한 화석들은 다 들어와 있고, 우리나라에서 나온 화석들은 이틀 안에 다 들어올 거야."

"네. 좀 둘러봐도 되죠?"

"물론이지. 참, 아무래도 난 화석 전문가가 아니니까 전문가를 한 분 소개해 주지. 한나비 씨!"

최훈의 부름에 키가 작은 젊은 여자가 아이들 앞으로 왔다.

"인사해. 우리 박물관 큐레이터야. 한나비 씨라고."

"안녕하세요?"

"어, 그래. 안녕?"

"혹시 고지식 교수님 아니?"

최훈이 묻자, 혜성이는 당연하다는 듯 대답했다.

"그럼요. 우리나라 최고의 고생물학자시잖아요."

"그래, 잘 아네. 바로 고지식 교수님이 우리 박물관 자문 위원이시거든. 여기로 들여오는 모든 화석들은 다 그분이 감정해 주시지. 게다가 이 한나비 씨가 바로 고 교수님의 제자거든. 그러니까 모르는 게 있으면 뭐든지 물어보라고."

"네, 감사합니다."

고지식. 송지 대학교 고생물학과 교수. 우리나라에서 손꼽히는 고생물학자로 특히 공룡에 대한 해박한 지식으로 아이들에게도 잘 알려진 학자이다. 그러니 고지식이 자문을 했다는 것만으로도 박물관의 위상이 높아지는 것은 당연한 일. 최훈이 자랑할 만하다.

아이들은 한나비를 따라 박물관을 둘러보았다. 박물관에는 지구가 생긴 이후 선캄브리아대, 고생대, 중생대, 신생대에 이르기까지 지질 시대를 대표하는 여러 종류의 화석이 들어와 있었다. 그중에서도 제일 눈에 띄는 것은 아무래도 커다란 공룡 뼈 화석이었다.

> **공룡 뼈 화석을 전시하려면?**
> 엄청난 크기의 공룡 뼈 화석을 전시하기 위해서는 다음과 같은 과정을 거쳐야 해.
> 1. 공룡 뼈 화석 캐 내기
> 2. 석고로 공룡 뼈 화석을 감싸 운반하기
> 3. 석고를 떼어 내고 보존 처리하기
> 4. 공룡 뼈 화석을 닦고 윤기 내기
> 5. 공룡 뼈 화석을 짜 맞추어 전시하기

"와, 알로사우루스다!"

나혜성이 척 보고 알아맞혔다. 그리고 설명을 덧붙였다.

"알로사우루스는 쥐라기 후기에 살았던 큰 육식 공룡이었어. 몸길이가 11미터에 이르고 몸무게는 2톤 정도였는데, 굉장히 날렵해서 달리는 속도가 시속 30킬로미터가 넘었대. 대단한 거지!"

"초식 공룡들이 정말 무서워했겠다!"

혜성이의 설명에 영재가 신기한 듯 말했다. 그러자 한나비가 물었다.

"잘 아네. 공룡 좋아하나 봐?"

"그럼요. 진짜 좋아해요."

그러자 최훈이 또 자랑을 하고 나섰다.

"그럼 이 화석이 얼마짜리인지도 알아?"

그러자 영재와 혜성이는 고개를 갸우뚱했다. 솔직히 엄청나게 비쌀 거라는 것은 예상되지만 화석의 가격까지는 알 수 없었다.

"10억."

"네? 10억 원이요?"

헉! 서울의 널찍한 집 한 채 값이 아닌가! 아이들도 입이 쩍 벌어졌다.

"세계에서도 몇 개 안 되는 진짜 화석이거든."

듣고 보니 그 화석이 괜히 더 멋져 보였다. 그렇게 한 시간쯤 박물관 여기저기를 둘러보았지만, 솔직히 겉으로는 별다른 문제점을 발견할 수 없었다. 박물관을 나오며 최훈이 말했다.

"이틀 후면 우리나라에서 나온 화석들도 들어오니까 그때 다시 와서 봐. 암모나이트랑 시조새도 들어올 거야."

영재와 혜성이는 허탈한 마음으로 돌아올 수밖에 없었다.

> **암모나이트란?**
> 암모나이트는 고생대에서 중생대에 걸쳐 살다가 공룡과 같이 멸종한 연체동물이야. 소용돌이 모양의 껍데기는 여러 개의 벽으로 나뉘어 있는데, 적을 막고 몸집을 유지하는 역할을 했어. 주로 물속에서 떠다니며 살았대. 오늘날 살고 있는 앵무조개와 가장 가까운 동물로 여겨지고 있지.

우리 화석과 나만득

한편, 요리와 달곰이는 우리 화석에 대해 알아보았다. 우리 화석은 세워진 지 3년밖에 되지 않은 회사였다. 그것도 얼마 전까지는 '우리 유통'이라는 이름으로 주로 아프리카나 아시아의 특산품을 수입하여 판매해 왔을 뿐, 화석을 거래하기는 이번이 처음이라고 했다.

우리 화석의 사장인 장사군은 장사 수단이 상당히 좋은 사람으로 알려져 있고, 같은 업계의 평판도 그리 나쁘지는 않았다. 정계와 재계에도 인맥이 많은 마당발로 알려져 있다는데…….

하지만 그렇다고 해도 이 분야에 경험이 있는 것도 아닌데 어떻게 6억 원이나 싸게 화석을 들여올 수 있었을까? 인맥을 동원해 기존의 회사들이 갖고 있지 않은 뭔가 다른 유통 경로를 뚫은 것일까? 만약 송창민의 의심대로 대학 선배인 나만득을 등에 업고 선정되었다면 더 이상한 일이었다. 이익은커녕 손해를 입을 것이 뻔한 이 사업을 왜 하려고 했을까? 명확하게 의심할 만한 것도 없는데, 자꾸 의문이 생겼다.

요리와 달곰이는 일단 알아낸 내용을 어 형사에게 보고했다. 그래서 어 형사는 나만득을 만나 슬쩍 떠보기로 했다.

"이번 화석 박물관 입찰 과정 중 비리가 있다는 제보가 들어왔습니다."

"비리라니요?"

어 형사의 말을 들은 나만득은 바로 불쾌한 표정으로 되물었다. 그렇다면 일단 진정부터 시켜야겠지?

"아니, 나 의원님에 관한 제보는 아닙니다. 그건 걱정 마시고요. 화석 박물관을 처음 기획하신 분이라고 해서요."

그러자 나만득은 조금은 안심이 되었는지, 정치인 특유의 자기 자랑을 늘어놓기 시작했다.

"네. 제가 기획했습니다. 옛날이야 '잘 먹고 잘살게 해 주겠다.' 하면 무조건 좋아했지만, 이젠 그렇지 않습니다. 지방 사람들의 대부분은 서울이나 다른 대도시에 문화 시설이 집중되어 있는 것이 큰 불만입니다. 제대로 된 도서관도, 체육관도, 박물관도 지방에는 참 없습니다. 그러니 이제 중소 도시에서도 주민들이 보다 많은 문화 공간에서 보다 높은 문화 혜택을 누릴 수 있도록 배려해야 합니다."

역시 정치인이다. 슬쩍 물어봤는데 쉬지 않고 자신의 생각을 말하는 나만득. 어 형사는 마치 선거 유세를 듣고 있는 듯한 느낌마저 들었다.

"물론이죠. 옳은 말씀이십니다. 그런데 문화 공간이라면 여러 종류가 있을 텐데요. 특별히 화석 박물관을 생각하신 이유는 무엇인가요?"

"일단 어른보다 아이들을 위한 문화 공간이 더 필요하다고 생각했습니다. 그렇다면 아이들이 가장 좋아하는 게 뭘까? 하고 고민을 했죠. 그러다가 문득 손자 녀석이 만날 공룡 인형을 가지고 노는 것이 생각났습니다. 그래! 아이들이 좋아하는 공룡을 마음껏 보게 해 주자! 바로 그렇게 시작된 것입니다."

"그래도 워낙 돈이 많이 들어가는 사업이라 처음부터 추진이 쉽지 않았다고 하던데요."

"그럼요. 어려웠습니다. 시장님이 많이 반대했거든요. 하지만 내가 그랬죠. 미래를 짊어질 아이들을 위한 투자다. 아끼면 안 된다!"

"그러셨군요. 그런데 원래 대한 화석이 입찰 과정에서 유리했다고 하던데, 어떻게 우리 화석이 선정되었는지 궁금하군요."

"이유야 간단하죠. 우리 화석이 6억 원이나 싸게 들여오겠다는데, 마다할 이유가 없지 않습니까? 다 국민이 낸 세금으로 하는 일인데, 한 푼이라도 아낄 수 있으면 아껴야죠."

한마디 한마디가 다 옳으신 말씀. 단지 그 때문이었을까?

"아 참, 이번에 선정된 우리 화석의 장사군 사장과는 대학 선후배 사이라고 하던데요."

그러자 어 형사의 말이 끝나기가 무섭게 나만득은 얼굴이 싹~ 굳어지더니, 어 형사를 뚫어지게 쳐다보는 것이 아닌가! '아, 괜히 물었나?' 하는 생각이 드는 순간, 갑자기 나만득이 큰 소리로 웃기 시작했다.

"하하하하. 아까 그 비리라는 것이 나랑 우리 화석과의 관계를 말하는 겁니까? 내가 돈 받고 우리 화석이 선정되게 해 줬다고 하던가요?"

이런! 눈치 삼백 단의 어 형사를 능가하는 정말 대단한 눈치다. 그렇다면 사실대로 말하는 수밖에…….

"네. 아쉽게도 그렇습니다."

어 형사의 대답에 나만득은 노골적으로 기분 나쁜 티를 냈다.

"허허. 정말 황당하군요. 난 우리 화석과 아무 관계없습니다. 대학 후배라는 것도 최근에 알았어요. 업체 선정되고 나서 인사하러 왔더군요. 하지만 안 만났습니다. 괜히 말 나올 것 같아서. 그런데 어디서 그런 괴소문이 돌기 시작했는지, 나 참……."

그러더니, 나만득은 이마를 잔뜩 찌푸리며 말했다.

"난 아무것도 잘못한 게 없으니, 철저하게 수사해 주십시오."

어 형사는 일단 나만득의 계좌를 추적해 봐야겠다고 생각했다.

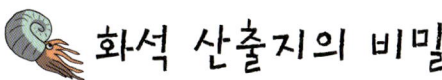
화석 산출지의 비밀

"그렇다면 잘못된 제보가 아닐까요?"

요리의 말에 모두들 할 말을 잃었다. 박물관에도 가 보고, 우리 화석도 조사해 보고, 또 나만득까지 만났지만 별다른 혐의점을 발견할 수 없었으니, 괜히 있지도 않은 일 가지고 헛고생 하고 다닌 건 아닌지…….

어 형사는 아이들에게 미안한 마음이 들었다. 그러자 영재가 말했다.

"그래도 아직 포기하긴 이른 것 같아. 이틀 후면 우리나라에서 나온 화석들까지 다 들여온다니까 그때 다시 한 번 가 볼게요."

바로 그때였다. 혜성이의 머리에 무언가 번뜩 스쳤다.

'우리나라에서 나온 화석? 아까는 왜 그 생각을 못했지!'

"영재야, 아까 최 과장님이 암모나이트랑 시조새 들여온다고 했지?"

혜성이가 묻자 영재가 대답했다.

"응. 그러니까 다시 와서 보라고 했잖아."

"그래, 바로 그거야! 어 형사님, 입찰 서류 다시 보여 주세요."

혜성이는 입찰 서류를 꼼꼼하게 살피더니, 무릎을 탁 쳤다.

"그래, 바로 이거야! 암모나이트랑 시조새!"

"암모나이트랑 시조새?"

어 형사가 물었다.

"네. 화석이란 생물의 사체나 흔적, 배설물 등이 굳어서 돌처럼 단단해진 것을 말하잖아요. 그래서 화석은 지층이 언제 생겼는지와 그 시대에 어떤 생물이 살았는지 알려 주죠. 그런데 이것 좀 보세요. 암모나이트가 나온 곳이 우리나라 전라남도 보성으로 되어 있고, 시조새는 전라남도 해남이라고 되어 있어요."

"왜? 잘못된 거야?"

달곰이가 물었다.

화석 박물관의 비밀

"암모나이트는 대표적인 중생대 바다 생물이야. 그런데 우리나라에는 중생대 퇴적층이 여러 지역에 있지만 모두 육성층이야. 이 말은 우리나라가 중생대에 육지였다는 뜻이지. 그런데 어떻게 바다 생물인 암모나이트가 나올 수 있겠어? 그래서 이제까지 우리나라에서 암모나이트 화석은 한 번도 발견된 적이 없어."

"그래? 그럼 시조새는?"

이번에는 요리가 물었다.

"150여 년 전 독일 남부 바이에른 지방의 졸른호펜 석회암층에서 세계 최초로 두 개의 시조새 화석이 발견됐어. 그리고 지금까지 9개의 시조새 화석이 나왔지만 모두 이 지방에서 나왔지. 우리나라에서는 경상남도 함안의 백악기 지층에서 새 발자국 화석이 발견되긴 했지만, 시조새 화석은 지금까지 보고된 적이 없어."

"그럼 혹시 잘못 적은 것은 아닐까? 외국에서 수입해 오기로 했는데, 목록 적으면서 나온 곳을 잘못 적은 거지."

요리가 이의를 제기하자, 영재가 말했다.

"아니야. 아까 최 과장님이 우리나라 화석 들여올 때 암모나이트랑 시조새도 들여온다고 분명히 말했어."

그러자 어 형사가 고개를 끄덕이며 말했다.

"그래. 그렇다면 위조 화석을 들여온다는 얘기네."

"위조 화석이요?"

모두가 눈이 동그래져 어 형사를 쳐다보았다.

"그래. 우리나라에서 나온 것도 아닌데 우리나라에서 나온 것이라고 들어온다면, 방법은 그거 하나밖에 없지."

그러자 혜성이가 다시 의문을 제기했다.

"그런데 한 가지 이상한 점이 있어요. 아까 최 과장님 말로는 고생물학자인 고지식 교수님이 모든 전시물에 대해 감정을 하신다고 하더라고요. 만약 고 교수님이 이 목록을 보셨다면 분명히 잘못됐는지 아셨을 텐데, 왜 그냥 두셨을까요?"

"그럼 고지식 교수님도 관련되어 있다는 말이네."

요리의 말에 영재가 덧붙였다.

"그래. 아까 박물관 큐레이터인 한나비 씨, 고지식 교수님이 추천했다고 했어."

그러자 어 형사가 고개를 끄덕이며 말했다.

"좋아. 그럼 일단 이틀 후에 박물관에 다시 가 보기로 하고, 그동안 고지식 교수랑 우리 화석과의 관계를 알아보자."

"네."

"그렇다면 아무래도 내부 관련자가 있지 않을까요?"

달곰이의 물음에 혜성이가 대답했다.

"그야 나만득 의원이겠지."

이제야 뭔가 조금씩 해결의 실마리가 보이는 것 같았다.

내부 관련자는 누구?

그런데 이게 어찌된 일인가! 나만득의 통장 계좌를 추적해 보니, 특별히 눈에 띄는 돈의 흐름이 보이지 않았다. 혹시 선거 운동 때 우리 화석에서 돈을 받은 것이 아닌가 생각했지만 그럴 만한 증거도 없었다.

어 형사는 이제껏 수사한 내용을 송창민에게 말해 주었다. 그러자 송창민은 깜짝 놀라며 말했다.

"고지식 교수가? 가만, 고지식 교수라면 최훈 과장이 강력히 추천한 사람인데."

"최훈 과장이?"

"응. 가만, 그러고 보니까 좀 이상하긴 하다. 전문가를 추천할 때 여러 사람이 거론됐거든. 그랬는데 최훈 과장이 자기가 고지식 교수님을 잘 안다면서 그분께 부탁하자고 했어. 그러더니 그 후에 고 교수님이 흔쾌히 허락했다면서 기분 좋아 하더라고."

"그래? 그렇다면 최종 입찰가도 최훈 과장이 알려 준 거 아냐?"

"글쎄. 말이 좀 많기는 하지만 그렇게 나쁜 분은 아니라서……. 하기야 우리 화석이 입찰한 후에 우리 화석 장사군 사장이랑 외국 출장도 여러 번 갔다 오고 꽤 어울려 다니긴 하더라고."

그렇다면 내부 관련자는 바로 최훈 과장?

그로부터 이틀 후, 아이들은 모두 화석 박물관에 갔다. 특히 혜성이는 과연 암모나이트와 시조새가 나온 곳이 어떻게 씌어 있는지 궁금해서 못 견딜 지경이었다. 그래서 들어가자마자 헐레벌떡 암모나이트와 시조새가 전시된 곳을 찾아갔는데, 역시 예상대로였다. 여러 개의 암모나이트 화석에는 입찰 서류에 씌어 있던 '전라남도 보성' 대신 '일본 홋카이도', 시조새 화석에는 '전라남도 해남' 대신 '독일 졸른호펜'이라고 떡하니 기록되어 있는 것이 아닌가!

"에이, 아니네. 일본이랑 독일에서 들여온 거 맞잖아."

영재가 실망한 듯 말했다.

"가만, 그렇다면 목록이랑 다르게 들여왔다?"

혜성이는 얼른 한나비를 찾아 물었다.

"이 암모나이트 화석 지난번에는 없었는데 언제 들여왔어요?"

"어제, 어제 들여왔어."

"일본과 독일에서 들여온 거예요?"

그러자 한나비의 얼굴이 갑자기 벌겋게 달아오르기 시작했다.

"그, 그렇지. 여기 씌어 있잖아."

"지난번에 왔을 때 외국에서 수입한 화석은 다 들여왔다고 했는데, 이건 따로 들여왔나 보죠?"

"그렇지. 원래 같이 들여오려고 했는데, 좀 늦어져서……."

그러면서 한나비는 말끝을 흐리는 것이 아닌가. 아무래도 수상한 느낌이 들었다. 그렇다면 입찰 서류에는 전라남도 보성과 전라남도 해남에서 들여온 것이라고 기록해 놓고, 전시장에는 일본과 독일에서 들여온 것처럼 써 놓은 것은 아닐까?

> **유명한 위조 화석 사건**
>
> 1911년, 영국의 고고학자 필립 도슨은 필트다운 지방에서 원시 인류의 두개골을 비롯하여 뼈 몇 가지를 찾았다고 발표했어. 이 뼈는 그동안 짐작할 수 없었던 초기 인류의 진화 과정을 알려 주는 중요한 근거가 되었어. 이 원시인은 '필트다운인'이라는 이름이 붙여졌고, 고고학계는 열광했어. 그런데 이상한 점이 생겼어. 필트다운인은 그 뒤의 지층에서 나온 다른 유골들과 진화 과정이 완전 달랐거든. 그래서 유골을 다시 조사했는데, 놀랍게도 '필트다운인'의 두개골은 사람의 머리뼈와 오랑우탄의 턱뼈를 짜 맞추어 조작한 것으로 밝혀졌어. 완전한 사기였던 거지.

화석 박물관의 비밀

어 형사는 우리 화석의 계좌를 추적한 결과, 장사군 사장이 최훈과 고지식에게 각각 1억 원씩을 보낸 통장 계좌를 찾아냈다.

지금까지 밝혀낸 사실로 결론을 내리자면, 최훈과 장사군은 화석 박물관에 위조 화석을 넣기로 짜고, 가격을 낮추어 입찰한 것. 그리고 일부러 고지식을 끌어들여 그 이름값으로 거짓 감정을 하게 한 것이다. 솔직히 전문가가 아닌 이상 입찰 서류에 적힌 산출지만을 보고 그게 잘못됐다는 것을 알아낸다는 것은 힘든 일이었다. 게다가 우리나라 최고의 고생물학자인 고지식이 감정했다는데 누가 잘못됐다고 생각할 수 있었겠는가! 결국 고지식은 1억 원이라는 돈에 학자의 양심을 팔아먹은 것이다. 어 형사는 씁쓸한 마음이 들었다.

수사 결과를 전해 들은 박 교장은 고개를 끄덕이더니 말했다.

"좋아. 그런데 서류에는 잘못 적고 뒤늦게 진짜를 수입한 것일 수도 있잖아. 그러니까 우선 통관 절차 밟았는지 알아보고, 무엇보다도 그 화석들이 위조 화석이라는 것을 밝혀내는 게 급선무일 것 같군."

"네."

박 교장의 명령으로 곧바로 화석 박물관에 들여온 화석 전부에 대해 전문가의 정밀 감식이 시작되고, 최훈과 장사군, 한나비가 소환되었다. 그러나 고지식은 한나비로부터 뭔가 정보를 들었는지 해외 세미나를 핑계로 벌써 중국으로 출국한 상태. 애석하게도 한발 늦은 것이다. 먼저 최훈에 대한 심문이 시작되었다. 어 형사가 물었다.

"우리 화석으로부터 돈을 받고 사전에 입찰 정보를 흘리고, 우리 화석이 선정되게 해 준 거 맞죠?"

"아닙니다. 제가 돈이 좀 급해서 장사군 사장한테 빌린 겁니다."

"좋아요. 그런데 돈 들어온 시점이 우리 화석이 선정된 바로 다음 날. 아주 절묘하게 맞아 떨어졌군요."

"그, 그건……."

최훈은 더 이상 할 말이 없는 듯 입을 다물었다.

"그리고 또 하나. 입찰 서류에 기록된 암모나이트랑 시조새가 나온 곳이 전시장에 표시된 것과 다르던데, 장사군 사장이랑 고지식 교수랑 짜고 처음부터 위조 화석을 넣기로 한 거 맞죠?"

그러자 최훈은 깜짝 놀라며 말도 안 된다는 듯 강하게 부인했다.

"우리나라에서 나오지도 않는 암모나이트랑 시조새를 입찰 서류에는 우리나라에서 나왔다고 쓴 다음 위조 화석을 만들고, 그걸 전시할 때에는 산출지를 다시 수정해 표시했잖아요."

"우리나라에서 안 나온다니, 그게 정말입니까?"

아니, 정말 몰랐단 말인가? 하기야 그걸 알았다면, 아이들 앞에서 그렇게 자랑하지도 않았을 거라는 생각이 들었다.

"전 다만 우리 화석이 선정되게만 해 준 거예요. 위조 화석을 넣은지는 정말 몰랐습니다."

"그럼 6억 원이나 싸게 넣겠다는데 그게 가능하다고 생각했습니까?"

"장사군 사장이 고지식 교수님한테 다 감정 받을 거니까 그건 걱정 말라고 했어요."

"고지식 교수도 당신이 추천한 사람이라면서요?"

"그, 그건 장사군 사장이 고 교수님이 자문하면 좋을 거라고 소개시켜 주더라고요. 워낙 유명하신 분이라 잘됐다 싶었죠. 서류도 고 교수님이 다 보시고 문제없다고 해서 그런 줄 알았는데……."

그렇다면, 위조 화석은 장사군과 고지식만의 합작품이란 말인가?

소환된 장사군은 역시 처음에는 절대 아니라고 강력하게 혐의를 부인했다. 하지만 입찰 서류, 통장 계좌 등의 증거물과 최훈이 자백했다는 사실, 그리고 화석을 다시 정밀 감정하고 있다는 사실을 알리자 조금은 동요하는 눈치. 바로 그때 화석 정밀 감정 결과가 나왔다. 그런데 이런! 결과는 예상했던 것보다 훨씬 심각했다.

암모나이트와 시조새뿐만 아니라 300여 개의 화석 가운데 100개가 넘는 화석이 모조품으로 밝혀졌다. 게다가 미국에서 수입한 알로사우루스 화석은 진짜 뼈의 비율이 입찰 서류에 적혀 있는 80퍼센트에 훨씬 못 미치는 60퍼센트에 불과하고, 진품 구별에 중요한 두개골의 비율도 입찰 서류에는 진짜 뼈 부분이 75퍼센트 이상이라고 적혀 있는데 실제로는 25퍼센트밖에 안 된다는 것이었다.

알로사우루스의 공급 가격으로 우리 화석에 준 돈은 10억 원. 그러나 실제 송금된 내용을 확인한 결과 미국 수출상에 간 돈은 5억 원뿐이었다. 결국 5억 원을 부당하게 빼돌린 것이다. 이렇게 다양한 방법으로 빼돌린 돈을 합하면 무려 10억 원. 그러니 6억 원 싸게 입찰하고, 최훈과 고지식에게 각각 1억 원씩을 주고도 장사군에게 2억 원이라는 돈이 남는다는 계산이 나오는 것이다.

결국 장사군은 모든 것을 자백했다. 화석 납품 단가를 낮추기 위해 우리나라에서는 나오지 않는 암모나이트와 시조새 화석까지도 위조하여 공급한 것이다.

한나비도 취직시켜 주는 대신 위조 화석에 대해 입을 다물기로 약속

했다는 자백을 하면서, 최훈은 금품 수수 혐의로, 장사군, 고지식, 한나비는 사기죄로 구속 영장이 청구되었다. 물론 중국으로 도망간 고지식에 대해서는 국제 경찰이 수사에 나섰다.

한 명의 양심 있는 공무원 덕분에 엄청난 세금의 낭비를 막을 수 있었다. 그러나 사건이 해결되고 나니 막상 사건을 제보한 송창민의 마음은 더 편치 않았다.

"청렴하게 봉사하는 마음으로 열심히 일하는 공무원들도 많은데, 이번 일로 공무원에 대한 인식이 나빠졌을까 걱정이다."

그러자 어 형사가 대답했다.

"그래도 난 걱정 안 하고 세금 열심히 낼 거다. 너 같은 공무원들도 많을 테니까. 불쌍한 공무원 위로 차원에서 오늘 저녁은 내가 산다."

"아니야. 수사하느라 애썼는데 내가 사야지."

"어허! 형님이 산다니까!"

그래, 정의는 승리한다! 그리고 좋은 친구랑 먹는 밥은 참 맛있다.

혜성이가 들려주는
사건 해결의 열쇠

'화석 박물관의 비밀'에서 화석 박물관 건립을 둘러싼 비리를 찾아내 사건을 해결할 수 있었던 열쇠는 바로 '화석'에 대해 잘 아는 거야.

💡 화석이란?

'화석'이란 옛날에 살았던 동물이나 식물이 죽어서 돌처럼 딱딱하게 굳은 것을 말해. 동식물의 사체뿐 아니라 그 흔적이 암석으로 남아 있는 것도 화석이라고 하기 때문에 화석의 종류는 식물의 잎, 동물의 뼈나 피부, 동물의 발자국이나 배설물에 이르기까지 아주 다양해.

그래서 화석을 보면 화석이 나온 지층이 물속에 있었는지 땅에 있었는지 알아낼 수 있어. 또한, 화석이 나온 때의 기후도 알 수 있지.

화석을 보면 그 시대에 살았던 동식물의 생활도 알 수 있어. 예를 들어 공룡의 이빨 화석을 보면 그 공룡이 육식 공룡인지 초식 공룡인지 알 수 있지. 풀을 먹는 초식 공룡은 이빨 끝이 무디고, 식물을 잘게 끊어서 씹기 편하도록 작은 이빨이 많이 나 있어. 반면에 육식 공룡의 이빨은 고기를 잘 찢을 수 있도록 뾰족하고, 가장자리가 톱니처럼 생겼지.

그 밖에도 동물의 똥이 굳어서 화석으로 발견되기도 하는데, 이 화석에는 소화되지 않은 먹이가 남아 있어서 그 동물이 무엇을 먹었는지 알 수 있어. 발자국 화석으로는 그

동물이 두 발로 걸었는지 네 발로 걸었는지 등을 알 수 있지.

삼엽충 화석

호박에 갇힌 곤충 화석

나무 화석

단풍잎 화석

〈여러 가지 화석〉

💡 화석은 어떻게 만들어졌을까?

화석은 동식물이 죽은 후 오랜 세월 동안 사체 위에 여러 가지 퇴적물이 쌓이고 쌓이면서 열과 압력 등으로 인해 단단하게 굳어져서 만들어져. 그랬다가 지층이 위로 솟아오르고, 침식 작용으로 지층이 깎이면서 드러나지.

예를 들면, 동물의 사체가 강으로 흘러들어 호수나 바다로 옮겨지면 바닥에 가라앉게 되지. 얼마 후 연한 살은 없어지고 뼈만 남은 상태에서 그 위에 진흙 등이 쌓이게 되는데, 그렇게 오랜 시간이 지나면서 진흙은 암석이 되고, 뼈는 화석이 돼.

때로는 동식물이 모래 폭풍 등으로 사막의 모래 속에 묻혀서 화석이 되기도 하고, 화산이 폭발할 때 날아오는 화산재에 묻혀 화석이 되기도 해.

석탄도 먼 옛날 울창한 숲을 이루었던 식물이 땅속에 묻히고, 그 위에 두꺼운 지층이 쌓여서 만들어진 일종의 화석이야. 또, 석유는 땅속에 묻힌 생물이 세균의 활동으로 인해 산소가 없어지고, 그 위에 퇴적물이 점점 두껍게 쌓이면서 높은 열과 압력을 받아 액체가 된 거지.

① 생물이 죽고, 그 위에 퇴적물이 쌓인다.

② 퇴적물이 계속 쌓여 지층이 만들어진다.

③ 지층이 땅 위로 올라간다.

④ 지층이 깎여 화석이 드러난다.

〈화석이 만들어지는 과정〉

💡 우리나라에서 발견된 화석

그렇다면 우리나라에서는 어떤 화석들이 발견됐을까? 우리나라 지층은 고생대(5억 7000만 년 전~2억 4500만 년 전) 말기를 경계로 그 이전에는 바다에서 만들어진 해성층이고, 그 이후에는 육지에서 만들어진 육성층이야. 우리나라 지층 가운데 약 4분의 1은 중생대(2억 4500만 년 전~6500만 년 전)에 만들어진 지층이야. 특히 경상도 전체와 전라도 일부 지역을 중심으로 약 1억 년 전인 백악기에 만들어진 지층이 넓게 드러나 있고, 여기에서 공룡들의 발자국이나 공룡 알 화석들이 많이 나오고 있어. 그러니까 우리나라는 쥐라기 공원이 아니라 '백악기 공원'이라고 할 수 있지.

특히 경상남도 함안에서는 새 발자국, 경상남도 고성에서는 공룡의 발자국, 전라남도 보성에서는 공룡 알 화석, 그리고 전라남도 해남 우항리에서는 공룡과 익룡 및 새 발자국 화석이 발견되었어.

그러니까 생각해 봐. 우리나라의 지층 가운데 4분의 1을 차지하는 중생대 지층은 바로 육성층. 그러니까 우리나라에서는 그 시대의 육지 생물인 공룡화석은 나올 수 있지만 바다 생물이었던 암모나이트 화석은 나올 수 없지. 물론 시조새도 우리나라에서 한 번도 발견된 적이 없는 화석이야. 그래서 장사군 사장이 고지식 교수와 짜고 위조 화석을 만들어 박물관에 넣었다는 것을 밝혀낼 수 있었던 거야. 어때, 이젠 알겠지?

■ 핵심 과학 원리 – 물체의 속력

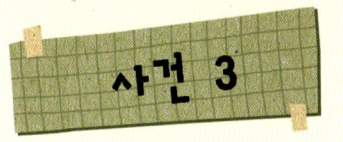

한밤의 뺑소니 사고

그렇다면 이상하다. 사망 추정 시간이 전날 밤 9시에서 12시 사이라고 하는데, 그 시간 이민희는 왜 이렇게 어둡고 위험한 곳에 있었을까?

두 번째 현장 수행 평가

아침 7시. 오늘도 어김없이 운동장 열 바퀴 돌기가 시작되었다. 학교에 막 들어와 처음 운동장 돌기를 시작했을 땐 다섯 바퀴였는데, 그사이 쥐도 새도 모르게 한 바퀴씩 늘더니 어느새 열 바퀴. 그러나 그동안 아이들의 기초 체력도 쑥쑥 늘어 이젠 열 바퀴쯤은 거뜬하게 달릴 수 있게 되었으니, 엄청난 발전이라 할 수 있겠다. 그렇게 아침의 신선한 가을바람을 맞으며 하루를 시작했는데, 막 일곱 바퀴쯤 돌았을 때였다.

"찌르르릉~. 찌르르릉~."

갑작스레 사이렌이 요란하게 울렸다. 아침부터 웬 사이렌?

"수행 평가다!"

역시 눈치 빠른 요리가 금방 눈치를 챘다. 그 말이 나오자마자 연구동 현관으로 뛰어가는 아이들. 현관에는 벌써 정 형사가 나와 있었다.

"지금부터 제2차 현장 수행 평가를 시작한다. 회의실로 갈 것!"

정 형사의 딱딱 떨어지는 군대식의 명령조 말투는 아이들을 금세 긴장시키는 묘한 힘이 있다. 어 형사에게서는 절대 찾아볼 수 없는 카리스마라고나 할까?

"어제 아침 8시. 경기도 우송과 하리내를 연결하는 외곽 도로 안쪽 풀숲에서 시신 발견. 피해자는 29세 이민희. 사망 추정 시간은 전날 밤 9시에서 12시 사이. 사건 해결 기한은 일주일. 자, 시작!"

엥? 웬일로 친절히 사건 설명을 해 주나 했더니, 이게 끝이야? 이제 뭘 어떻게 하라는 말인지…….

"왜 가만히 있지? 감점 당하고 싶나?"

"아, 아니요."

헉, 감점이라니! 특히 첫 번째 현장 수행 평가에서 6점이나 감점을 당한 혜성이는 그 생각만 하면 '감점'의 '감' 자도 듣기 싫었다. 그래서 요즘 '감' 자 들어가는 음식은 먹지도 않는다나? 감자, 감주, 곶감 등…….

여하튼 정 형사의 한마디에 아이들은 기겁을 하고 뛰어나왔다. 먼저 달곰이가 황당하다는 듯 말을 꺼냈다.

"어떻게 하라는 거야?"

그러자 혜성이가 대답했다.

"우리끼리 다 알아서 하라는 거지."

"우리끼리?"

그동안 어 형사나 박 교장의 도움을 받긴 했지만, 이제껏 아이들은 꽤 자립적으로 사건을 해결해 왔다. 그러나 막상 간단한 설명만 듣고 수사를 하려니, 아이들은 조금 막막한 느낌이 들었다. 혜성이가 말했다.

"이렇게 하자. 나랑 달곰이는 신고 내용 확인하고 현장에 가 볼 테니까, 너희는 부검실에 갔다가 이민희에 대해 알아보는 거야. 어때?"

"좋아."

역시 형은 형이다. 그나저나 과연 이번 사건도 정해진 기한 안에 잘 해결할 수 있을까? 혹시 지난번 혜성이처럼 감점 당하면 어떡하지? 아이들은 자꾸 불안한 마음이 들었다.

 사건 현장에 가다

혜성이와 달곰이는 우선 관할 경찰서로 가서 신고 내용을 확인했다. 어제 아침 8시쯤 그 도로를 지나던 사람이 볼일이 급해 잠깐 도로변에 차를 대고 안쪽 풀숲으로 들어갔는데, 그곳에서 시신을 발견하고 신고했다. 곧바로 경찰이 출동해 시신을 수습하고 부근에서 피해자의 것으로 보이는 핸드백을 발견했는데, 그 안에는 신분증과 휴대 전화 등 소지품이 들어 있었다고 한다. 그러나 휴대 전화는 이미 고장 나 있었다.

경찰서에서 나온 혜성이와 달곰이는 곧바로 현장으로 갔다. 사고가 난 곳은 경기도의 우송과 하리내를 연결하는 외곽 도로. 산등성이를 따라 굽이굽이 난 길로, 도로 옆에 인도나 갓길도 없는 왕복 2차선 도로였다. 시신이 발견된 곳은 우송에서 하리내로 넘어가는 산 정상 부근인데, 주변에 인가가 없고 통행량도 많지 않다.

그렇다면 이상하다. 사망 추정 시간이 전날 밤 9시에서 12시 사이라고 하는데, 그 시간 이민희는 왜 이렇게 어둡고 위험한 곳에 있었을까?

"혹시 자살 아닐까? 사람들의 눈에 띄지 않는 곳을 찾아와 스스로 목숨을 끊은 거지."

달곰이가 의견을 내놓자, 혜성이는 고개를 갸우뚱하며 말했다.

"글쎄……. 왜 하필 여기야? 이민희의 차가 없는 것으로 봐서는 혼자 걸어왔다는 건데, 여기까지 걸어와서 자살할 이유가 없잖아."

그렇다. 산 밑에서 여기까지 걸어오려면 한 시간은 걸렸을 텐데 무슨 이유로 여기까지 걸어왔을까?

"정신없이 걷다 보니 여기까지 왔다. 그럴 수도 있잖아."

달곰이가 말했다. 하지만 혜성이의 생각은 달랐다.

"내 생각엔 다른 데서 살해당한 후에 여기 버려진 것 같아. 아무래도 사람이 거의 다니지 않는 곳이라 시신을 버리기 좋으니까."

그렇게 둘이 각자 추리를 하며 고민에 고민을 하고 있는데, 바로 그때였다. 부검실에 간 요리가 전화를 했다. 시신을 부검한 부검의의 말에 따르면, 다리 쪽에 큰 충격을 받은 것으로 봐서 차에 부딪쳐 수풀로 튕겨 나간 것으로 보인다고 한다. 그리고 직접적인 사망 원인은 '뇌진탕.'

"그렇다면 자살하려고 차에 뛰어든 거야. 분명해!"

달곰이가 확실하다는 듯 말했다. 그러나 혜성이는 계속 자살이 아니라는 생각이 들었다.

"아니면 괴한한테 유괴당해 여기까지 끌려 왔다가 도망친 게 아닐까? 그런데 도망치고 보니 너무 컴컴한 도로였던 거야. 이리저리 헤매다가 교통사고를 당한 거지."

듣고 보니 그것도 일리 있는 말이었다. 이유가 어찌 됐든 이민희는 이곳에서 교통사고를 당했다. 그리고 자살이든 타살이든 교통사고의 가해자는 사고 처리를 하지 않고 그냥 사라져 버렸다. 말 그대로 뺑소니 교통사고. 그렇다면 이제 뺑소니 운전자부터 잡아야 한다. 그러면 자살인지 타살인지 당연히 밝혀질 테니까.

 이민희는 누구?

한편, 요리는 이민희를 부검한 부검의에게 결과를 물었다.

"차에 다리를 부딪쳤다면, 혹시 입고 있던 옷에 페인트 같은 건 안 묻어 있나요?"

차에 칠해진 페인트는 같은 색깔이라도 제조사나 차종 등에 따라 조금씩 다르기 때문에 교통사고, 특히 뺑소니 사고에서는 아주 중요한 단서가 된다. 페인트를 분석하면 차의 색깔, 제조사, 제조 연도 등의 정보를 얻을 수 있기 때문이다. 요리의 물음에 부검의는 갑자기 껄껄껄 웃었다.

"하하하. 정 형사랑 똑같은 걸 묻는군. 아쉽지만 없어. 차끼리 부딪쳤으면 모를까, 차랑 사람이 부딪친 경우에는 사람이 바로 튕겨 나가기 때문에 페인트 자국이 묻기는 쉽지 않지."

가만, 그렇다면 정 형사도 수사를 하고 다닌다는 얘기!

요리와 영재는 머리카락이 쭈뼛 서는 느낌이 들었다. 정 형사는 아이들에게 사건을 수사하게 하면서 자신도 동시에 수사를 하는 것이다. 단순히 아이들의 수사 결과만 보고 판단하여 점수를 매기는지 알았는데, 정말 치밀한 사람이라는 생각이 들었다. 요리와 영재는 마음이 급해졌다. 그래서 부검실에서 나오자마자 이민희에 대해 조사하기 시작했다.

이민희. 나이 29세. 세계 건설 사장의 외동딸로 미국에서 인테리어 디자인을 공부하고 지난 5월에 귀국. 현재는 세계 건설 디자인 팀장. 귀국한 다음에는 혼자 살았기 때문에 부모도 그날 그녀가 어디에서 무엇을 했는지 아무것도 몰랐다. 그런데 알고 보니, 그녀에게는 애인이 있었다. 요리와 영재는 그 애인부터 만났다.

양현석. 세계 건설 경영팀 대리. 대리와 팀장이라? 좀 안 맞는다 싶었는데, 만나 보니 척 보기에도 훤칠한 키에 잘생긴 얼굴. 부잣집 외동딸이 마음에 둘 만하다는 생각이 들었다. 그는 애인이 죽었다는 사실이 믿기지 않는 듯 넋이 나가 있었다. 그러고는 중얼거렸다.

"내가, 내가 죽였어."

내가 죽이다니, 도대체 그게 무슨 말인가?

"그날 오후에 같이 저녁을 먹으러 그 근처 식당에 갔었어."

가만, 그렇다면 그녀가 왜 혼자 거기에 갔을까 하는 의문은 곧바로 풀린다. 그녀는 혼자가 아니었다. 그런데 그러고 보니 더 이상하다. 애인과 함께 갔다면 왜 혼자 거기에 남았을까?

"저녁 먹고 돌아오는 길에 좀 다퉜는데, 민희 씨가 갑자기 차를 세우라고 소리를 질렀어."

"그래서 진짜 차를 세우고 내리게 놔뒀단 말이에요?"

요리는 좀 황당했다. 아무리 화가 나도 그렇지, 그 컴컴한 산길에 어떻게 애인을 혼자 두고 그냥 온다는 말인가.

"민희 씨가 워낙 다혈질에 고집이 세서 한번 화나면 말릴 수가 없어. 물론 나도 위험해서 안 된다고 했지. 그런데 빨리 세우라며 핸들을 잡고 막 흔들고, 소리를 지르고……. 그래서 어떻게 할 수가 없었어."

그렇다면 어찌 됐든 그렇게 혼자 그 길가에 내린 이민희는 그 후 사고를 당했든, 차에 뛰어들었든 했다는 건데!

"그때가 몇 시쯤이었죠?"

영재가 물었다. 양현석이 대답했다.

"식당에서 10시쯤 나왔으니까, 10시 10분쯤?"

"그러고 나서 다시 가 보지 않았어요?"

"솔직히 나도 너무 화가 나서 그러고 싶지 않았어. 그래, 내가 정말 잘못한 거야. 한번 가 볼걸. 그렇다면 이렇게 되진 않았을 텐데……."

양현석은 후회의 눈물을 흘렸다. 그러나 이제 와서 후회한들 무엇하겠는가! 그녀는 이미 이 세상 사람이 아닌 것을.

그렇다면 차에서 내린 이민희는 그 후 어떻게 했을까? 걸어서 내려오려고 했을까? 아니면 다른 차라도 얻어 타려 했을까? 그것도 아니라면……. 순간, 요리의 머릿속에 번쩍 생각나는 것이 있었다.

"그래! 워낙 외진 길이라 지나가는 차도 없었을 거야. 그렇다면 택시를 부르거나 아는 사람에게 데리러 와 달라고 부탁하지 않았을까?"

그러자 영재가 소리쳤다.

"맞아! 이민희 가방에 휴대 전화가 있었다고 했잖아. 물론 완전히 고장 났다고 했지만."

그렇다. 분명히 누군가에게 전화를 걸었을 것이다. 그래서 둘은 이민희의 통화 내역부터 알아보기로 했다.

이민희가 전화한 사람은?

요리와 영재는 통신사에 이민희의 통화 내역서를 요청했다. 그날 저녁 도착한 통화 내역을 보니, 있다. 10시 21분, 022-2345-2377. 그리고 10시 25분, 022-3489-2938. 영재가 눈을 반짝이며 말했다.

"가만, 022-3489-2938. 양현석 번호인데!"

그렇다. 그럼 이민희와 양현석은 그 후 다시 통화를 했다는 말. 수상하다. 자기가 잘못한 거라고, 한번 가 볼걸 그랬다며 후회의 눈물까지 뚝뚝 흘리더니, 왜 이민희가 전화했다는 말은 쏙 빼고 안 했을까?

요리와 영재의 말을 들은 혜성이는 고개를 끄덕이며 말했다.

"그러네. 혹시 화가 나서 교통사고로 위장해 죽인 게 아닐까?"

좀 비약적인 추리이긴 하지만, 가능성이 아주 없는 것은 아니다.

"그럼 내가 양현석을 다시 만나 볼게."

요리가 말하자, 혜성이가 대답했다.

"그럼 난 달곰이랑 022-2345-2377번에 대해 알아볼게. 이민희가 그 상황에서 제일 먼저 전화했다면, 분명히 그날 일을 알고 있을 거야."

그 전화번호를 쓰는 사람은 이민희와 같은 회사, 같은 팀에 근무하는 김영숙이었다. 벌써 회사에 소문이 퍼졌는지, 김영숙은 이민희의 사망 소식을 알고 있었다. 먼저 혜성이가 물었다.

"이민희 씨와는 친하신가 봐요?"

한밤중에 외진 길에 혼자 있을 때 제일 먼저 도움을 청할 사람. 가족이 아니라면 분명히 가장 가깝게 지내는 사람임에 분명하다. 그러나 김영숙은 순간 얼굴이 살짝 굳어지더니, 나지막한 목소리로 말했다.

"아니. 친하다고 하긴 그렇고, 그냥 팀장과 부하 직원 관계지."

정말 예상 외의 답변. 그렇다면 이민희는 왜 친하지도 않은 부하 직원에게 전화를 걸었을까?

"데리러 오라고 했어. 사고 당한 그곳으로."

달곰이가 얼른 되물었다.

"그래서 가셨나요?"

"아니. 못 갔어. 그때 나갈 형편이 못 돼서······."

못 갔다고? 잠깐! 그렇다면 이민희가 양현석에게 전화를 건 이유는 김영숙이 못 간다고 했기 때문인가? 그런데 김영숙도 그렇다. 아무리 형편이 못 되어도 그렇지, 한밤중에 그렇게 위험한 곳에서 도움을 청하는데 어떻게 무시할 수 있단 말인가. 김영숙은 덧붙여 말했다.

"갑자기 집에 중요한 손님이 오셨거든."

손님이라······. 얼마나 중요한 손님이었기에 못 갔을까? 조금은 의아한 생각이 들었지만, 김영숙은 그곳에 가지 않았다고 한다. 그렇다면 양현석은 그곳에 갔을까? 요리와 영재는 다시 양현석을 만나 물었다.

"그날 10시 25분에 다시 이민희 씨랑 전화 통화 하셨던데요."

"어? 어……."

양현석은 조금은 놀란 표정으로 대답했다.

"그런데 왜 아까는 말씀 안 하셨죠?"

영재가 다그쳐 묻자, 양현석은 살짝 당황하며 말했다.

"그래. 전화는 받았지만 가지 않았어. 이런 일, 한두 번이 아니었거든. 민희 씨는 너무 감정의 기복이 심해서 기분 나쁘면 물불 안 가리고 화내다가도 금방 또 언제 그랬냐는 듯이 굴었지. 난 그게 너무 힘들었어. 그래서 이번엔 어떻게든 버릇을 고쳐야겠다고 생각했지. 그래서 안 간 건데……. 이런 일을 당할 거라고는 상상도 못했어."

그렇다면 김영숙과 양현석, 둘 다 안 갔다는 말인데……. 결국 사건은 다시 오리무중. 도대체 어디서 범인을 찾는단 말인가!

새로운 단서

다음 날, 아이들은 아침부터 모여서 앞으로의 수사 방향에 대해 의논했다. 그러나 뾰족한 수가 떠오르지 않았다. 바로 그때였다. 갑자기 뒤에서 큰 소리가 났다.

"어!"

모두 화들짝 놀라 돌아보니, 어 형사였다. 하기야 이런 싱거운 장난을 칠 사람이 어 형사밖에 또 있겠는가!

"푸하하하하! 뭘 그리 놀라나?"

뭘 그리 놀라긴. 실컷 놀래 놓고 할 말은 아닌 듯한데……. 그러나 사건이 안 풀려서 그런지 어 형사의 장난에 아무도 대꾸해 주지 않자, 어 형사가 머쓱해 하며 말했다.

"아이 참, 뭘 그렇게 심각하게 생각해. 교통사고라면서! 그럼 교통사고 증거물을 찾아야지."

그걸 누가 모른단 말인가! 없으니까 그렇지. 바로 그때였다. 갑자기 영재가 달곰이에게 물었다.

"가만! 그럼 혹시 사건 현장에 바큇자국 같은 것도 없었어?"

"바큇자국? 글쎄……. 자세히 안 봐서……. 없었던 거 같은데……."

그러자 영재가 벌떡 일어나며 말했다.

"다시 가 보자."

영재가 쏜살같이 뛰어나갔다. 그러자 다른 아이들도 재빨리 영재의 뒤를 따랐다. 어 형사가 뒤에 대고 소리를 질렀다.

"내가 가르쳐 줬다고 절대 정 형사한테 말하지 마라. 나 죽어!"

가만, 그런데 어 형사가 가르쳐 준 것이 맞나? 아이들은 순간 고개를 갸우뚱했지만, 곧 수사에 집중했다. 차를 타고 가면서 영재가 말했다.

"보통 위험한 상황이 발생하면 운전자는 차를 멈추려고 반사적으로 브레이크를 밟지. 하지만 관성 때문에 브레이크를 밟는다고 곧바로 설 수 있는 것은 아니야. 달리던 속도가 빠를수록 그만큼 완전히 멈추는 데에는 더 긴 시간과 거리가 필요하지. 그동안 자동차의 운동 에너지가 바퀴와 도로의 마찰에 의해 열에너지로 바뀌면서, 바퀴의 고무 조각이 도로면에 들러붙게  돼. 그래서 자동차가 급정거를 하면 길에 바큇자국이 남는 거야."

맞다. 교통사고라고 하면 제일 먼저 바큇자국을 확인해야 한다. 그런데 교통사고 사건을 처음 맡은 아이들은 기본부터 놓치고 만 것이다.

"미안해. 우리가 좀 더 자세히 살펴봤어야 하는데……."

처음 현장에 갔던 혜성이와 달곰이는 면목이 없었다. 그러자 요리가 손을 저으며 대답했다.

"미안하긴 뭐가 미안해. 우리도 몰랐는데……."

아이들은 처음부터 뭔가 큰 것을 놓치고 말았다는 사실이 영 마음에 걸렸다. 그렇지만 할 수 없지 않은가! 처음부터 다시 시작한다는 마음으로 수사를 할 수밖에…….

아이들은 현장에 도착하자마자 도로에 안전선부터 설치했다.

그러고 나서 아이들은 도로 면을 구석구석 살피기 시작했는데, 그 결과 몇 개의 희미한 바퀴자국을 발견했다. 그러나 모두 최근에 난 것으로는 보이지 않았다.

"바퀴자국이 없다? 그렇다면 운전자가 피해자를 발견하고도 브레이크를 밟지 않았다는 말인데……."

> **관성이란?**
> '관성'이란 물체가 외부에서 힘을 받지는 한 정지한 상태나 운동하는 상태를 계속 유지하려는 성질을 말해. 달리던 버스가 갑자기 멈추면 우리 몸이 앞으로 쏠리는 거 알지? 그것이 바로 관성 때문이야. 달리는 버스 안에서는 우리 몸도 차와 같은 속도로 앞으로 달리고 있었는데, 차가 갑자기 서면 달리는 상태를 계속 유지하려는 관성 때문에 몸이 앞쪽으로 쏠리게 되는 거지.

영재의 말에 혜성이가 자신의 의견을 말했다.

"그럴 수도 있지 않을까? 워낙 외진 길이고, 밤이었으니까 못 보고 그냥 달렸을 수도 있지. 만약 피해자가 자살하겠다고 갑자기 차로 뛰어들었다면 더욱 그랬을 테고."

물론 그럴 수도 있다. 하지만 그렇다고 해도 사고를 낸 다음에는 본능적으로 브레이크를 밟게 되지 않겠는가! 그렇다면…….

"좀 더 밑으로 내려가서 찾아보자."

영재와 혜성이는 밑으로 걸어 내려가면서 바퀴자국을 살폈다. 아니나 다를까, 사고 지점에서 30미터쯤 내려간 곳에 선명한 바퀴자국이 남아 있었다. 그것도 50미터 가까이 되는 아주 긴 바퀴자국이. 영재는 그 바퀴자국을 사진으로 담고는 무언가를 재빨리 계산하기 시작했다.

"바퀴자국의 길이랑 도로에 따른 마찰 계수를 알면, 사고 직전에 차의 속력을 짐작할 수 있어. 바퀴자국의 길이가 50미터 정도 되니까…….

아마 시속 100킬로미터 정도는 됐을 것 같아."

"헉, 100킬로미터! 엄청나다."

혜성이가 놀랍다는 듯 말하자 영재가 물었다.

"형, 이 도로, 속력 제한이 있었지?"

그러자 혜성이는 문득 오면서 본 속력 표지판이 생각났다.

"아, 올 때 보니까 시속 60킬로미터라고 씌어 있었어."

속력이란 일정한 시간동안 움직인 거리를 말하는데, 한 시간 동안 이동한 거리를 '시속'이라고 한다. 도로마다 안전을 위하여 그 굽은 정도, 경사도, 도로 표면의 상태, 시야 등을 고려해서 자동차가 안전하게 달릴 수 있도록 속력을 제한한다.

"그래? 그렇다면 확실한 속력 위반인데! 아, 그래! 바로 그거야!"

영재의 머릿속에 번뜩 떠오르는 것이 있었다.

"보통 제한한 속력보다 시속 11킬로미터 이상의 속력으로 달리면 과속 방지 카메라가 작동하게 돼. 저기 봐. 과속 방지 카메라가 있어."

영재가 가리키는 곳을 보니, 정말 사고 지점에서 20미터 앞에 과속 방지 카메라가 있었다.

"그래. 시속 100킬로미터로 달렸다면 분명히 찍혔겠다. 경찰서에 가서 과속 차량을 조사해 보자."

이제야 뭔가 풀리는 느낌. 바로 그때였다. 사고 지점의 바닥을 조사하던 요리가 작은 부품 조각들을 찾아와 보였다.

"이것 좀 봐. 방향 지시등이 깨진 조각 같은데, 범행 차량의 것이 아닐까?"

피해자가 범행 차량의 앞쪽 모서리에 부딪쳤다면, 순간적인 충격 때문에 방향 지시등이 깨질 수 있다. 혜성이가 말했다.

"좋아. 그럼 나랑 영재가 경찰서에 가서 과속 차량을 알아볼 테니까, 너는 달곰이랑 그 조각이 어떤 차종의 것인지 조사해 봐. 아, 영재의 카메라에 찍힌 바퀴자국도 조사해 줘."

과속 방지 카메라는 어떻게 사진을 찍을까?

과속 방지를 위한 무인 단속 카메라는 여러 종류가 있어. 고정식 카메라는 카메라에서 20~30m 앞의 도로에 속력을 읽는 센서가 든 고리를 20~30m 간격으로 두 개 깔고, 그 사이를 지나는 차의 '시간'을 재서 '속력=거리/시간'이라는 공식에 따라 속력을 계산해. 이동식 카메라는 달려오는 차에 1초에 400번 정도 레이저 광선을 쏘아서 자동차의 속력을 재. 그리고 둘 다 입력된 제한 속력을 넘는 순간, 자동으로 셔터가 내려가 사진을 찍지.

범행 차량을 알아내다

영재와 혜성이가 관할 경찰서에서 사고가 난 날 밤 8시부터 다음 날 새벽 2시까지 과속 방지 카메라에 찍힌 차를 조사한 결과, 모두 세 대였다. 차량 번호를 이용해 차 주인을 알아보니, 이게 어찌된 일인가! 그중 한 대의 차 주인이 바로 김영숙이 아닌가. 그것도 제한 속력을 무려 38킬로미터나 초과한 시속 98킬로미터로 달리고 있었다.

"김영숙? 그럼 사고 현장에 갔단 말이네!"

영재의 말에 혜성이가 황당하다는 듯 대답했다.

"집에 손님이 와서 못 갔다고 했는데."

그렇다면 김영숙은 거짓말을 한 것임에 분명하다. 왜 거짓말을 했을까? 그것은 김영숙이 이민희의 죽음과 관련이 있기 때문이 아닐까? 곧바로 김영숙이 경찰서로 불려 왔다. 정 형사가 아이들이 찾아낸 차 사진을 내밀자 김영숙은 예상대로 소스라치게 놀랐다.

"안 갔다더니, 가셨네요."

정 형사가 냉랭한 목소리로 말하자 그 기세에 눌려서인지, 아니면 워낙 증거가 확실해서인지 김영숙은 순순히 말하기 시작했다.

"그, 그래요. 가기는 갔어요. 내가 손님이 오셔서 못 간다고 했더니, 이 팀장이 당장 오라고 소리 소리를 지르더라고요. 상사가 오라는데 안 갈 수도 없고, 할 수 없이 갔어요. 늦으면 또 난리칠까 봐 과속한 거고. 그런데 갔더니 없더라고요. 정말이에요. 먼저 갔나 했어요."

그러자 정 형사가 이해하겠다는 듯 고개를 끄덕이며 말했다.

"아! 양현석 씨랑 먼저 갔다고 생각했나 보죠?"

뭐, 양현석이랑? 양현석은 거기 안 갔다고 했는데! 김영숙은 물론이고 아이들도 당황하긴 마찬가지. 그러자 정 형사가 버럭 소리를 질렀다.

"양현석 씨와 김영숙 씨, 원래 애인 사이였잖아요!"

아니, 정 형사는 그걸 어떻게 알아냈지? 정 형사가 계속 말을 이었다.

"상사라는 이유만으로 그 한밤중에 이민희를 데리러 갔다? 이해가 안 가네요. 나 같으면 이민희가 미워서라도 안 갔을 텐데……."

그러자 김영숙은 결국 울음을 터뜨리며 말했다.

"흑흑흑. 그래요. 이 팀장, 정말 나쁜 여자예요. 그날도 현석 씨랑 싸웠나 보더라고요. 그러고는 괜히 나한테 전화를 해서 현석 씨가 아직도 날 잊지 못한다고, 그래서 싸웠다고. 그러더니 자기 혼자 내버리고 갔으니 나 때문이니까 당장 데리러 오라고 소리를 질렀어요."

"그럼 더 가지 말아야지 왜 갔어요?"

"물론 안 가겠다고 했죠. 그런데 그럼 죽어 버리겠다는 거예요. 차에 뛰어들어 죽기 전에 빨리 오라고. 그래서 할 수 없이 갔어요, 흑흑흑."

정리하면, 이민희는 양현석과 싸우고 차에서 내린 후 김영숙에게 전화해서 자신을 데리러 오라고 했다. 안 오면 죽어 버리겠다고 협박했다.

그래서 김영숙은 할 수 없이 그곳에 갔다. 그런데 가 보니, 없었다?

그리고 한 가지 더 이상한 점은 김영숙이 온다고 했는데, 왜 이민희는 다시 양현석에게 전화를 걸었을까? 그렇다면 정 형사의 말대로 양현석이 먼저 와서 이민희를 데려간 것일까?

양현석이 다시 경찰서로 불려 왔다. 그러나 양현석은 끝까지 그곳에 가지 않았다고 주장했다.

"삼자대면하자고 나보고도 오라고 했습니다. 그래서 안 간다고 했죠. 어떤 상황이 벌어질지 뻔하니까."

"그런데 왜 지난번 전화 얘기했을 때 이 얘기는 안 하셨죠?"

영재가 화가 난 투로 말했다. 처음부터 사실대로 말했다면 괜히 돌아 돌아 수사하지 않아도 되었을 텐데……. 그러자 정 형사가 대답했다.

"그야 김영숙 씨와의 관계가 드러나는 게 싫어서였겠지."

여하튼 양현석도 그곳에 안 갔다고 하고 김영숙이 갔을 때에는 이민희가 이미 없었다니, 그렇다면 정말 이민희 스스로 달리는 자동차에 뛰어들었단 말인가. 그렇다면 누구의 차에?

이제는 깨진 방향 지시등과 바큇자국을 단서로 뺑소니 차량을 알아낼 수밖에 없다. 바로 그때였다. 요리와 달곰이가 황급히 뛰어 들어왔다.

"나왔어요. 깨진 방향 지시등은 올해 나온 M 사의 '달린다' 거예요."

그러자 혜성이, 영재, 그리고 정 형사까지 모두 동시에 소리를 질렀다.

"김영숙!"

그렇다. 김영숙의 차가 바로 M 사의 '달린다'. 그렇다면 가 보니 없었다는 말 역시 거짓말이지 않은가!

정 형사는 김영숙의 차를 압수해서 차의 바퀴와 도로에서 찍어 온 바퀴자국을 비교했다. 그랬더니 역시 정확하게 일치했다.

정 형사는 김영숙을 다시 불러 증거물을 내보이며 버럭 소리를 질렀다.

"이래도 아니라고 할 거예요!"

그러자 김영숙도 더 이상은 어쩔 수 없었는지, 결국 자백을 했다.

"맞아요. 제가 죽였어요. 하지만 그건 실수였어요. 정말이에요."

"실수라니! 처음엔 안 갔다고 하더니, 그 다음엔 갔는데 없었다. 그리고 이젠 실수라고요?"

"이것만은 믿어 주세요. 죽겠다고 난리를 치니, 안 갈 수가 없었어요. 가는데 너무 화가 나고 속상해서 계속 눈물이 나더라고요. 하지만 죽일 생각은 없었어요. 고개를 막 넘어가자마자 이 팀장이 바로 보이더라고요. 얼른 브레이크를 밟는다는 것이 그만 실수로 액셀러레이터를 밟은 거예요. 정말 순간적으로 벌어진 일이었어요. 믿어 주세요."

"그럼 왜 바로 신고하지 않았죠?"

정 형사가 날카로운 목소리로 물었다.

"너무 당황해서 어떻게 해야 할지 몰랐어요. 그래서 그만……."

사고를 낸 후에 일단 멈추긴 했지만, 다시 현장에 돌아갈 엄두가 안 나 그냥 도망치고 말았다는 것이다.

"양현석 씨, 당신은 알고 있었죠? 김영숙 씨가 범인이라는 것을……."

정 형사가 묻자, 양현석은 고개를 끄덕이며 자백했다.

"네. 새벽에 울면서 전화를 했더라고요. 그렇게 됐다고."

알고 보니 김영숙은 운전 면허를 딴 지 석 달밖에 안 된 완전 초보 운전자. 결국 한밤의 뺑소니 사고는 김영숙의 운전 미숙 때문이었다.

🚗 울고 싶은 혜성이

그나저나 정 형사는 어떻게 김영숙과 양현석의 관계를 알아냈을까?

"이민희 장례식장에 갔더니 문상 온 회사 사람들이 쑥덕대더라. 남의 애인 뺏고 못되게 굴더니 벌 받았다고. 너희는 그 장례식장에 갔니?"

갑작스런 정 형사의 질문에 모두 대답을 못했다.

"그럴 줄 알았어. 어떻게 피해자 주변 조사를 그렇게 안 하나? 이 사건의 핵심은 이민희, 김영숙, 그리고 양현석의 관계였어. 통화 기록이 나왔을 때 그 부분부터 캐 봤어야지."

맞는 말이다. 그랬다면 훨씬 수월하게 사건을 해결했을 텐데…….

"그래서 모두 마이너스 3점."

헉, 또 마이너스! 그런데 그것이 전부가 아니었다.

"그리고 나혜성과 반달곰은 처음 사건 현장에 갔음에도 교통사고 발생 시 먼저 확인해야 할 증거물 중 하나인 바큇자국을 확인하지 않는 실수를 했다. 그래서 각각 마이너스 3점. 이상."

순간, 모두의 눈이 혜성이에게 쏠렸다. 혜성이는 이번 평가로만 마이너스 6점, 그리고 지난 평가로 마이너스 6점. 벌써 12점을 깎였으니, 한 번 남은 평가를 아무리 잘 봐도 진급하지 못할 것은 불 보듯 뻔한 일. 상상도 못한 일이 벌어진 것이다. 혜성이의 얼굴이 벌겋게 달아올랐다. 다른 아이들 때문에 꾹 참고 있지만, 솔직히 울고 싶은 혜성이. 이를 어쩐단 말인가!

영재가 들려주는 사건 해결의 열쇠

두 번째 현장 수행 평가였던 '한밤중의 뺑소니 사고'를 해결하는 사건 해결의 열쇠는 바로 물체의 운동과 속력에 대해 잘 아는 거야.

💡 물체의 운동과 속력

모든 물체는 정지하거나 운동하고 있어. 그리고 운동하는 물체는 빠르게 움직이거나 느리게 움직이는데, 빠르거나 느린 정도를 비교하는 데 쓰이는 개념이 '속력'이야. 속력은 기준 시간 동안에 이동한 거리를 말해. 보통 속력을 잴 때 쓰이는 기준 시간으로는 1초, 1분, 1시간

을 많이 써. 1초 동안 이동한 거리를 '초속', 1시간 동안 이동한 거리를 '시속'이라고 하지.

그렇다면 속력은 어떻게 구할까? 속력은 물체가 이동한 거리와 시간을 알면 구할 수 있어. 예를 들어 어떤 물체가 10초 동안 10m를 갔다면 이 물체의 속력은 초속 몇 m인지 구해 보자. 초속은 1초 동안 이동한 거리야. 그러니까 10초 동안 간 거리인 10m를 10초로 나누면 되지. 즉, 이 물체의 속력은 초속 1m야. 이를 간단한 공식으로 나타내면 다음과 같아.

$$속력 = \frac{거리}{시간}$$

💡 속력 비교하기

그렇다면 둘 이상의 물체나 사람 등이 움직이는 속력을 비교하려면 어떻게 할까? 여기에는 두 가지 방법이 있어.

첫째, 같은 시간 동안 이동한 거리를 재면 돼. 두 사람이 똑같이 10초 동안 이동했는데, A는 10m를 이동하고 B는 20m를 이동했다면 누구의 속력이 더 빠를까?

A는 10초 동안 10m를 갔으니까, 속력은 $\dfrac{10m}{10초} = 1m/초$

B는 10초 동안 20m를 갔으니까, 속력은 $\dfrac{20m}{10초} = 2m/초$

그러니까 B의 속력이 A의 속력보다 빠르다는 것을 금방 알 수 있지.

즉, 같은 시간 동안 이동했을 경우에는 더 많은 거리를 갈수록 속력이 더 빠른 거야.

〈같은 시간 동안의 속력 비교〉

둘째, 같은 거리를 이동하는 데 걸린 시간을 재면 돼. 두 사람이 똑같이 10m의 거리를 이동했는데, A는 10초가 걸리고 B는 5초가 걸렸어. 누구의 속력이 더 빠를까?

A는 10초 동안 10m를 갔으니까, 속력은 $\dfrac{10m}{10초} = 1m/초$

B는 5초 동안 10m를 갔으니까, 속력은 $\dfrac{10m}{5초} = 2m/초$

그러니까 B의 속력이 A의 속력보다 빠르다는 것을 알 수 있어.

즉, 같은 거리를 이동했을 경우에는 더 짧은 시간이 걸릴수록 속력이 더 빠른 거야.

〈같은 거리를 갔을 때의 속력 비교〉

💡 속력에 따른 정지 거리와 시간

자전거 탈 때를 생각해 봐. 달리던 자전거를 멈추고 싶을 때에는 브레이크를 잡게 되는데, 브레이크를 잡는다고 자전거가 바로 멈추지는 않지. 물론 아주 느리게 달렸을 때에는 브레이크를 잡는 동시에 멈출 수 있지만, 만약 자전거의 속력이 아주 빨랐다면 바로 멈추지 못하고 어느 정도 더 나아가다가 멈추게 되지. 끽~ 소리를 내면서 말이야.

즉, 멈추려고 할 때 밀려난 정지 거리와 멈출 때까지 걸리는 시간은 속력이 클수록 길어져.

시속 60km의 속력으로 달리는 자동차는 1초 동안 약 17m를 달리고, 시속 80km의 속력으로 달리는 자동차는 1초 동안 약 22m를 달리지. 그런데 운전자가 사고 위험을 느끼고 브레이크를 밟아야겠다고 생각하는 동안, 또 실제로 밟을 때까지는 어느 정도의 시간이 걸리고, 그동안에도 차는 계속 달리고 있는 거야. 뿐만 아니라, 브레이크를 밟은 다음에도 차는 완전히 멈출 때까지 계속 앞으로 달리게 되니, 속력이 빠를수록 당연히 사고의 위험이 더 크겠지. 이를 고려해서 도로에는 '제한 속력'이 정해져 있고, 앞 차와 부딪히는 것을 막기 위해 '안전거리'를 두게 되어 있어.

그러니까 자동차를 운전할 때에는 꼭 제한 속력을 지키고, 앞 차와의 안전거리를 유지해야 한다는 사실을 잘 기억하고, 운전하는 사람들에게도 말해 줘야 해.

그러니까 잘 생각해 봐. 사고 현장에 **바큇자국이 길게 남아 있었다**는 것은 바로 **범행 차량이 빠른 속력으로 달렸다**는 뜻. 그래서 과속한 차량을 찾아냄으로써 범인이 누구인지 단서를 찾은 거야. 어때, 이젠 알겠지?

■ 핵심 과학 원리 – 색맹

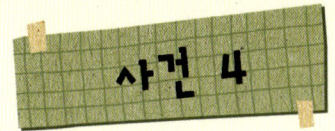

연쇄 절도 사건

그래, 이건 혹시 특별한 신호가 아닐까?
만화나 영화를 보면, 유명한 도둑은 자신만의 특별한 흔적을 남긴다.
'내가 다녀갔다.'고 말하는 것이다.

달라진 혜성이

두 번째 현장 수행 평가의 결과가 나온 후, 아이들 사이에는 이상한 분위기가 감돌기 시작했다. 가장 많이 감점을 당한 혜성이가 자존심에 큰 상처를 받았는지 다른 아이들과 어울리려고 하지 않고, 수업 시간에도 시큰둥하니 앉아 있었다. 그러니 나머지 셋도 덩달아 우울해 했다.

어 형사는 아무래도 아이들이 걱정되었다. 워낙 깐깐하기로는 타의 추종을 불허하는 정 형사가 현장 수행 평가를 맡는 순간부터 어느 정도 예상을 하긴 했지만, 그래도 그 대상이 혜성이가 될 줄은 상상도 못했다. 잔뜩 풀이 죽은 혜성이의 모습에 어 형사는 가슴이 아팠다. 그래서 어떻게 방법이 없을까 하여 교장실로 갔다. 그런데!

"드르렁~, 쿨~. 드르렁~, 쿨~."

이런, 이런! 오늘도 어김없이 낮잠을 자고 있으니! 정말 우리의 박 교장, 너무 천하태평이 아닌가. 그 모습을 가만히 보고 있으려니 괜히 부아가 치밀어 오르는 어 형사, 냅다 소리를 질렀다.

"불이야! 불이야!"

"뭐? 부, 불? 어디야? 어디?"

깜짝 놀라 잠에서 깬 박 교장, 낄낄거리며 서 있는 어 형사를 보니 또 속았구나 싶은데……. 제 버릇 개 못 준다고, 어째 삼십대 중반이 되도록 허구한 날 똑같은 장난인지……. 박 교장은 놀란 가슴을 쓸어내리며 한숨을 쉬었다. 어 형사가 갑자기 심각한 목소리로 물었다.

"교장 쌤! 지금이 어떤 상황인데 잠이 와요, 잠이?"

"왜? 진짜 불났어?"

박 교장이 심드렁하게 물었다.

"아이 참, 혜성이요. 잔뜩 풀 죽어 다니는 거 못 보셨어요?"

"봤어. 그런데 왜? 문제 있어?"

"으이그~. 내가 말을 말아야지, 말을……."

어 형사는 괜히 박 교장에게 야속한 마음이 들었다. 바로 그때였다.

"네. 문제가 있긴 있더라고요."

가만, 이 목소리는! 언제 들어왔는지 정 형사가 끼어들었다.

"점수 좀 못 받았다고 풀 죽어 다니는 혜성이나 그거 보고 어쩔 줄 몰라 하는 나머지 셋이나 형사치고는 너무 감성적인 거 아니에요?"

갑자기 어 형사는 머리에서 발끝까지 열이 올랐다.

'아니! 그게 뭐 어때서? 어른도 아니고 애들인데. 속상하면 풀도 죽고 그러는 거지. 게다가 네 명 중 한 명이 풀 죽어 있으면 나머지 셋이 신경 쓰는 게 당연한 의리지. 그럼 모른 척하란 말이야!'

어 형사는 당연히 이렇게 말하고 싶었다. 하지만 겨우 내뱉은 한마디.

"애들이니까 그렇지."

으이그~, 박 교장한테 뭐라고 할 처지가 아니라니까, 쯧쯧.

정 형사는 어 형사의 대답은 듣는 둥 마는 둥 박 교장에게 말했다.

"쌤! 마지막 현장 수행 평가를 시작하려고 하는데요."

"그래? 사건은?"

"절도 사건이요."

"알았어. 시작해."

이런, 박 교장도 정 형사라면 꼼짝을 못한단 말인가! 아! 어린이 형사 학교의 미래, 정말 어둡다, 어두워!

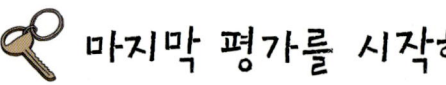 마지막 평가를 시작하다

"지금부터 마지막 현장 수행 평가를 시작한다. 이번 사건은 연쇄 절도 사건이다. 서울시 상두동, 하신동, 은천동, 모두 세 곳에서 연달아 발생한 절도 사건으로, 처음엔 관할 경찰서에서 각각 수사를 진행했다. 그러나 사건이 일어난 집이 다세대 주택인 점, 범행 시간대가 모두 오후 2시에서 3시 사이인 점, 출입문의 열쇠 구멍이 고장 나 있었고 그 원인이 이쑤시개였다는 점 등으로 미루어 보아 모두 동일범의 소행일 것으로 판단된다. 자, 그럼 일주일이다."

그렇게 마지막 현장 수행 평가가 시작되었다. 아이들은 어떻게 사건을 해결할지 의논하려고 휴게실에 모였다. 달곰이가 말문을 열었다.

"혜성이 형, 어떻게 할까?"

그러나 혜성이는 고개를 푹 숙이고 아무 말도 안 하니, 아이들도 모두 침묵. 그러자 잠시 후, 갑자기 요리가 장난스런 말투로 말했다.

"아이 참! 대장, 대장이 이러고 있으면 어떡해! 그렇지, 졸병들아?"

뭐? 졸병들? 갑작스런 요리의 말에 영재와 달곰이는 잠시 어안이 벙벙했다. 하지만 곧 요리의 의도를 알아차리고 얼른 박자를 맞춘다.

"맞아. 혜성이 형이 그러니까 아무것도 못하겠어. 재미도 없고."

달곰이의 말에 영재도 거들었다.

"그래, 혜성이 형. 빨리 대장 해라, 빨리~. 엉?"

영재가 어울리지 않는 애교까지 피우니, 잔뜩 굳어 있던 혜성이는 저도 모르게 푹! 하고 웃음을 터뜨렸다. 그러자 다른 아이들도 박장대소.

"하하하하."

혜성이는 가슴이 뭉클해지는 것을 느꼈다.

'그래! 이렇게 좋은 친구와 동생들이 있는데, 그깟 점수 가지고 마치 세상을 다 잃은 것처럼 굴다니! 현장 수행 평가에 통과하지 못해도 후회하지 않을 거야. 난 언제나 최선을 다했으니까!'

아이들은 짝을 지어 절도 사건이 일어난 세 집을 나누어 돌아보기로 했다. 가장 거리가 먼 상두동은 혜성이와 영재가 가기로 하고, 달곰이와 요리는 가까운 거리에 있는 하신동과 은천동을 둘러보기로 했다.

상두동은 바로 처음 절도 사건이 발생한 곳. 사건 현장은 들은 대로 다세대 주택이었다. 다세대 주택은 여러 집이 모여 살기 때문에 대부분 대문이 따로 없거나, 있어도 열어 놓기가 십상. 그래서 범인도 다세대 주택을 선택했을 것이다. 그중에서도 피해를 입은 집은 1층. 혹시 집 주인이 돌아오더라도 문을 여는 동안 뒷문으로 쉽게 도망치려고 한 것으로 보였다. 초인종을 누르니, 한 아주머니가 나왔다. 집 주인이었다.

아주머니의 말에 따르면, 오후에 잠깐 외출했다 돌아오니 현관문이 고장 나 있었다. 열쇠 구멍에 열쇠를 넣으려 해도 들어가지 않았다. 결국 열쇠 수리공을 불러 문을 열었는데, 그의 말로는 이쑤시개가 열쇠 구멍에 꽂혀 있다고 해서 동네 아이들이 장난친 줄 알았다. 집은 나가기 전과 똑같은 상태였기 때문에 도둑이 들었다고는 생각도 못했다. 그런데 전날 탄 곗돈을 은행에 넣으려고 곗돈이 든 서랍을 열었더니, 옷 사이에 끼워 둔 돈이 몽땅 없어졌다. 그러고 보니 나갈 때 분명히 잠갔던 뒷문이 열려 있어서 그때서야 도둑이 든 것을 알고 신고했다.

 다른 두 집에서도 마찬가지였다. 두 집 모두 다세대 주택의 1층 집이고, 뒤쪽으로 나갈 수 있는 문이 있었다. 그리고 오후 두세 시쯤 집을 비웠고, 현관 열쇠 구멍 속에 이쑤시개가 꽂혀 있어 고장이 났으며, 집 안이 전혀 흐트러져 있지 않아 처음에는 도둑이 든지 몰랐다. 두 번째 집은 이틀이 지나서야 알았다니, 정말 치밀하고 침착한 도둑이었다.

 세 번째 은천동 집에 갔을 때였다. 이 집은 결혼한 지 한 달밖에 안 된 신혼집. 결혼 예물로 받은 신부의 다이아몬드 반지를 도둑맞았다. 부엌 싱크대 선반 위, 커피잔 속에 넣어 둔 것을 감쪽같이 훔쳐갔다.

 "전날 설거지할 때 빼서 커피잔 속에 넣어 뒀거든. 그날 아침에 바빠서 못 끼고 나갔는데, 어떻게 알고 그것만 쏙 가져갔는지……."

 집 주인은 많이 속상한 것 같았다. 요리가 물었다.

 "언제 반지가 없어진 걸 알았나요?"

 "그날 밤 갑자기 손에 반지가 없는 게 생각나서 반지를 끼려고 보니까, 잔과 뚜껑의 색이 바뀌어 있는 거야. 이 커피잔은 부부 커피잔이거든. 내 친구가 결혼 선물로 준 거야. 빨간색 하나, 초록색 하나."

 그러고 보니 모양은 같고 색깔만 다른 세트 커피잔이었다.

 "그런데 빨간색 컵에 초록색 뚜껑이 올려져 있고, 초록색 컵에 빨간색 뚜껑이 올려져 있더라고. 순간 이상하다는 생각이 스쳐서 얼른 뚜껑을 열어 봤지. 그랬더니 아니나 다를까, 반지가 없는 거야."

이는 도둑이 급하게 반지를 훔치다가 뚜껑을 바꾸어 놓고 나간 것으로 보였다. 여하튼 범인의 행동으로 짐작컨대 한 사람의 솜씨라고는 볼 수 없다. 그렇다면 두 사람 이상의 전문 절도단이 한 짓이 아닐까?

또 다른 사건 발생

그런데 다음 날 아침, 또다시 같은 수법의 절도 사건이 일어났다. 아이들은 곧바로 그 집으로 향했다. 이번에는 명인동.

"가만, 그러고 보니 이상하다! 상두동, 하신동, 은천동, 명인동. 모두 지하철 10호선 근처잖아."

요리의 말을 듣고 보니, 정말 그렇다. 그렇다면 범인도 지하철 10호선 근처에 사는 것이 아닐까? 그러나 10호선에 있는 지하철역만 해도 30개가 넘는데, 그것만 가지고는 알아낼 만한 것이 없다.

그래도 다행히 이번 사건은 사건 직후 도난 사실을 알아내 신고했다고 하니, 단서가 될 만한 무언가가 남아 있지 않을까?

일단 요리와 영재는 집 주변을 샅샅이 살펴보기로 하고, 달곰이는 현관문과 도둑맞은 물건이 들어 있었다는 화장대 서랍 주위의 지문을 채취하였다. 물론 지금까지 알아낸 범인의 성격으로 보아 지문을 남기지는 않았을 테지만 말이다. 그리고 혜성이는 집 주인에게 어떻게 된 일인지 이것저것 물어 보았다.

"오후 2시쯤 일 보러 나갔다가 한 시간 후에 들어왔는데, 현관문에 열쇠가 안 들어가더라고. 열쇠 수리공을 불러서 들어왔어. 바로 동창회에 가야 해서 화장하고 반지를 끼려고 화장대 서랍을 열었는데, 양말 속에 숨겨 두었던 보석이 몽땅 없어졌더라고. 바로 신고했지."

"보석이라면, 어떤 것들을 잃어버리셨나요?"

"다이아몬드 반지 하나, 진주 목걸이랑 귀고리, 우리 남편의 한 냥짜리 금목걸이, 애들 돌 반지 다섯 개. 아, 내가 하와이 갔다가 사온 돌로 만든 목걸이랑 반지도 같이 없어졌어. 그건 비싼 건 아니지만."

"그 막대 모양 목걸이요? 가운데 검은색 돌로 이름이 새겨져 있는."

"맞아. 잘 아네."

"저희 엄마도 가지고 계시거든요."

바로 그때였다. 화장대 서랍의 지문을 채취하던 달곰이가 혜성이를 부르더니, 양말 두 켤레를 보여 주며 말했다.

"이것 봐. 초록색 양말이랑 빨간색 양말의 짝이 바뀌어 있어. 세 번째 집에서도 초록색이랑 빨간색 커피잔 뚜껑이 바뀌어 있었잖아."

"정말! 왜 이렇게 해 놨지? 일부러 그랬나?"

혜성이가 말했다. 그래, 이건 혹시 특별한 신호가 아닐까? 만화나 영화를 보면, 유명한 도둑은 자신만의 특별한 흔적을 남긴다. '내가 다녀갔다.'고 말하는 것이다. 그렇다면 특별히 빨간색과 초록색을 좋아하는 도둑? 아니면 일부러 눈에 잘 띄라고 두 가지 색깔로 표시를 했을까? 지금으로서는 정확히 알 수 없으니, 답답한 노릇이었다.

그때 요리와 영재가 뛰어 들어오며 소리쳤다.

"찾았어. 단서를 찾았어."

혜성이와 달곰이는 요리가 내미는 것을 보았다.

"그거 이쑤시개 포장지 아냐?"

혜성이가 조금은 실망한 표정으로 물었다.

"맞아. 현관문 바로 옆에 있는 나무 밑에 떨어져 있더라고. 범인이 무심결에 버린 것 같은데, 이것 봐. 아주 중요한 단서가 있어."

요리가 종이를 뒤집어 보여 주니 작지만 선명한 글씨가 찍혀 있었다.

'중화요리 만나라. 3887-XX99'

"보통 중국집 처음 열 때 이쑤시개 돌리잖아. 이게 만약 현관문에 집어넣은 이쑤시개의 포장지라면, 범인은 분명히 이 중국집에서 최소한 한 번은 음식을 시켜 먹었을 확률이 높아. 그렇다면 이 중국집 근처에 살고 있다는 얘기가 되겠지."

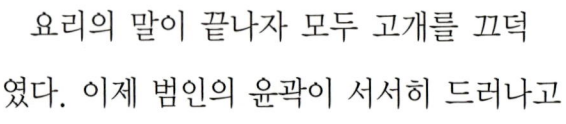

요리의 말이 끝나자 모두 고개를 끄덕였다. 이제 범인의 윤곽이 서서히 드러나고 있는 것이다. 바로 '만나라'라는 중국집 근처에 사는 사람. 이제 그 사람을 찾아야 한다.

중국집 만나라

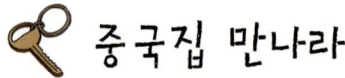

'만나라'. 전화를 해 보니, 마구동에 있는 작은 중국집이었다. 아이들은 곧바로 마구동으로 향했다. 그리고 보니 마구동 역시 지하철 10호선 역 중 하나인 마구역 주변 동네가 아닌가. 아침에 요리가 추리한 것이 바로 맞아떨어진 것이다.

'만나라'는 개업한 지 두 달도 채 되지 않은 조그만 식당이었다. 종업원 없이 부부가 운영하고 있는데, 주요 고객은 주변에 밀집해 있는 재수

학원에 다니는 학생들과 주택가의 주민들이었다.

혜성이가 연쇄 절도 사건에 대해 말하며 이쑤시개 포장지를 보여 주자, 주인아저씨는 약간 겁먹은 표정으로 말했다.

"맞아. 우리가 돌린 거야. 그런데 이걸로 범행을 저질렀단 말이지?"

"아직 확신할 순 없지만 그럴 수도 있으니까 조사해 보려고요. 작은 단서도 놓칠 수 없으니까요. 이거 돌린 지는 얼마나 되셨어요?"

달곰이가 묻자 주인아저씨가 대답했다.

"한 달 전쯤. 일주일 동안 돌렸어."

"그럼 혹시 배달 장부에 그 당시 배달한 전화번호랑 주소가 남아 있지 않나요? 보통 적으시던데……."

요리가 물었다. 그러자 주인아저씨는 장부에서 그때 배달한 집 주소들을 찾아 주었다. 그렇다면 이제 할 일은 한 집, 한 집을 모조리 뒤져서 혹시 수상한 사람이 없나 찾아보는 것이다.

"우리가 배달원으로 위장하고 특별 서비스라고 하면서 군만두를 돌리는 거야. 그러면서 한 집씩 살펴보면 어떨까?"

혜성이의 제안에 달곰이가 맞장구를 쳤다.

"그래. 혜성이 형이랑 나랑 하면 되겠다. 우리 둘은 키가 크니까 진짜 배달원인 줄 알 거야."

그러자 요리가 말했다.

"그럼 수상한 사람이 있으면 바로 연락해 줘. 나랑 영재가 잠복할게."

아이들은 곧바로 학교로 돌아가 그동안의 수사 과정을 보고했다. 그 사이 명인동 집 현관문과 화장대 서랍 손잡이에서 채취한 지문 감식 결과가 나와 있었다. 역시 예상대로 그 집 식구들의 지문 외에는 아무것도 나오지 않았다. 그렇다면 이제 믿을 것은 아이들이 계획한 탐문 수사와 잠복 수사. 아이들은 박 교장의 허락을 얻어 냈다.

탐문 수사와 잠복 수사

다음 날 아이들은 계획대로 배달원으로 위장, 탐문 수사를 시작했다.

"중국집 만나라인데요. 공짜로 군만두 드리거든요. 드셔 보세요."

그렇게 오전 내내 무려 58집, 한 사람 앞에 29집을 돌아다니려니 혜성이와 달곰이는 다리도 아프고, 계속 반복되는 말에 입도 아팠다. 정말 이렇게 힘든 수사는 처음이었다.

그런데 혜성이가 열다섯 번째 들른 집. 초인종을 누르자 한참 있다 어떤 남자가 나왔는데, 부스스한 모습이 자다 만 것 같았다. 아니, 지금 11시가 넘었는데 아직도 자다니! 게다가 40세쯤 되어 보이는 이 남자는 꽤 험악한 인상

을 풍겼다. 그리고 혜성이가 군만두를 주며 중국집에 대해 설명하려 하자, 인상을 살짝 찌푸리더니 만두만 쏙 채 가고는 얼른 문을 닫아 버렸다. 혜성이는 수상하다는 생각이 들어 바로 영재에게 잠복을 부탁했다.

남자는 오전 내내 집에서 한 발짝도 안 나오더니, 12시 30분이 되어서야 어디론가 가려는 듯 집을 나섰다. 보통 두세 시쯤 사건이 일어났으니, 이제 범행을 하러 가는 것일까? 영재는 얼른 그의 뒤를 따라붙었다.

아니나 다를까, 남자는 10호선 지하철을 탔다. 그리고 10분쯤 뒤 수인동에서 내렸다. 그렇다면 이번 범행 장소는 수인동? 영재는 행여나 놓칠세라 잽싸게 남자의 뒤를 밟았다. 그런데 남자는 지하철역에서 한 5분쯤 걸어가더니, 한 작은 공장으로 들어갔다.

"어이, 김 씨! 점심 먹었어?"

공장 수위가 남자를 보더니 반갑게 맞으며 인사를 건넸다.

"네. 동네 중국집에서 공짜로 군만두를 줘서 그걸로 때웠어요."

이런! 그렇다면 이 공장 직원? 험악한 첫인상에 늦게까지 자고 있어서 수상하게 여겼는데, 알고 보니 남자는 하루 3교대 근무 중 낮 근무를 하고 있었다. 그리고 남자가 낮 근무를 시작한 것은 한 달 반 전. 그렇다면 이 남자는 범인이 아닐 가능성이 높다. 영재는 '사람을 겉모습만 보고 판단하지 말라.'는 말이 생각났다. 괜히 헛다리를 짚은 것이다.

한편, 요리는 달곰이가 이상하다고 한 집 근처에서 잠복하고 있었다. 분명 안에서 인기척이 나는데, 아무리 벨을 눌러도 문을 안 연다는 것.

혹시나 범인이 눈치를 채고 문을 열지 않았나 싶어 요리는 근처 가게로 가서 우유를 사는 척하며 슬쩍 그 집에 대해 물었다.

"그 집? 할머니 혼자 사셔. 할머니가 보청기 빼고 계셔서 못 들으셨나 봐."

그렇다면 귀가 잘 안 들려 벨소리를 못 들었기 때문에 문을 안 열었단 말이네. 그럼 이 집도 아니고, 남자를 따라갔던 영재도 허탕만 치고 돌아왔으니, 결국 오전 내내 돌아다녔지만 소득이 없었다. 아이들은 기운이 빠졌다. 게다가 이제 남은 집은 단 세 집. 처음 시작할 때는 분명히 용의자를 찾을 수 있을 거라고 생각했는데, 너무 쉽게 생각한 것일까.

달곰이는 무거운 마음으로 남은 세 집에 군만두를 돌리기 시작했다. 그런데 첫 번째 집도 허탕. 엄마와 아이가 있는데, 마루에 떡하니 걸려 있는 가족사진 속 아빠는 군인. 그렇다면 아닐 확률 99.9퍼센트.

이제 남은 집은 두 집. 달곰이는 다시 기운을 내서 두 번째 집의 초인종을 눌렀다. 중국집이라고 하자, 집 주인은 순순히 문을 열어 주었다. 키가 크고 하얀 얼굴의 남자는 20대 초반으로 보였다. 남자는 공짜 만두라는 말에 굉장히 좋아하면서 군만두를 받았다. 그때였다. 남자가 마치 우스갯소리를 하듯 불쑥 말을 던졌다.

"이쑤시개는 또 안 줘요?"

> **보청기의 원리는?**
>
> 보청기는 청력이 약해서 잘 들리지 않는 것을 보완하는 기구야. 보청기는 대부분 소리를 키워서 귀로 직접 보내지. 소리가 보청기의 마이크로폰에 닿으면 마이크로폰이 소리를 전기 진동으로 바꾸어. 그 진동을 증폭기로 크게 키운 다음, 이어폰으로 보내 다시 전기 진동을 소리로 바꾸면 소리가 커져서 더 잘 들리게 되지.

뭐? 이쑤시개! 달곰이는 순간, 뭔가 번쩍 하는 느낌이 들었다.

"예? 이쑤시개요?"

달곰이가 다시 묻자, 남자는 웃으며 말했다.

"지난번에 이쑤시개 줬잖아요. 그거 좋던데! 여하튼 잘 먹을게요."

"아, 예."

달곰이는 대답을 하며 꾸벅 인사를 했다. 바로 그 순간 달곰이의 눈에 들어오는 것이 있었다. 바로 남자의 양말. 흰색 양말인데, 한쪽에는 초록색 무늬가, 다른 한쪽에는 빨간색 무늬가 있었다.

순간, 달곰이는 번뜩 떠오르는 것이 있었다. 세 번째 집과 네 번째 집에서 보았던 바로 그 장면!

세 번째 집에서는 초록색과 빨간색의 커피잔과 뚜껑이 바뀌어 있었다. 그리고 네 번째 집에서는 초록색 양말과 빨간색 양말이 뒤바뀌어 끼워져 있었다. 그때는 혹시 범인이 일부러 표시를 해 놓은 것이 아닌가 생각했는데, 이제 와 생각하니 아니다. 범인이 실수를 저지른 것이다!

달곰이는 기다리고 있는 아이들에게 한걸음에 달려왔다.

"알았어. 범인은 색맹이야. 적록 색맹!"

"적록 색맹?"

"응. 색을 구별하는 능력이 없거나 부족해서 색을 구별하지 못하거나 다른 색으로 잘못 보는 상태를 '색맹'이라고 해. 특히 빨간색과 초록색을 구별하지 못하는 적록 색맹이 많아."

"그래? 그런데 왜 색을 구분할 수 없어?"

"우리 눈의 망막에는 '원추 세포'라는 세포가 있는데, 원추 세포에는 세 종류의 색소가 있어. 이 색소들은 각각 빛의 삼원색인 초록색, 빨간색, 파란색 빛을 흡수해서 우리가 색을 구별하도록 해 줘. 그런데 세 가지 색소 중 하나 이상이 없으면 색을 구분하기 어려워 색맹이 되는 거야. 대부분 유전이고, 고칠 수 없는 경우가 많지."

달곰이의 설명에 혜성이가 고개를 끄덕이며 말했다.

"그러니까 양말을 바꾸고 커피잔과 뚜껑을

> **색맹은 엄마가 물려준다?**
> 색맹을 일으키는 유전자는 여성이 가지고 있고, 그 유전자를 자식에게 물려줄 수 있어. 이런 경우에는 특히 아들이 색맹일 확률이 높아. 아버지가 색맹인 여성이 정상적인 남성과 결혼했을 때 두 사람 사이에서 태어나는 아들이 색맹일 확률은 50%나 된대.

바꾼 게 일부러 한 것이 아니라 범인이 색맹이라서 한 실수라는 거지?"
"그렇지. 방금 갔다 온 집, 그 집에 색맹으로 의심되는 사람이 있어. 그리고 이쑤시개 얘기를 하더라고. 지난번에 준 거 좋다면서……."
그렇다면 그 사람이 바로 범인?

 현장에서 체포하라

곧바로 달곰이와 혜성이가 그 집 앞에서 잠복을 시작하고, 요리와 영재는 사전 조사를 위해 근처 가게에 들어가 물었다.
"혹시 저 집에 사는 키 크고 얼굴 하얀 형 아세요?"
그러자 아주머니는 잘 안다는 듯 말했다.
"아, 그 재수하는 학생!"
"재수해요?"
"그래. 세 명 다 시골에서 올라와 재수하잖아. 몇 달 동안 만날 여기서 물건을 외상으로 사 갔어. 그런데 얼마 전에 와서 싹 갚았어. 시골에서 돈이 올라왔는지……."
"그래요? 그게 언젠데요?"
"일주일쯤 됐나? 집 주인도 밀린 월세 받았다고 좋아하던데……."
일주일! 그렇다면 혹시 훔친 돈으로 밀린 월세와 외상값을 갚은 것은 아닐까? 요리와 영재는 점점 더 수상하다는 생각이 들었다.

그런데 1시 30분쯤 되었을까? 아까 본 그 남자와 또 한 명의 남자가 집에서 나왔다. 이때 혜성이가 깜짝 놀라며 말했다.

"어, 저 목걸이. 그래, 바로 저거야."

혜성이가 가리킨 것은 또 한 명의 남자가 하고 있는 목걸이. 명인동 사건 현장에서 도둑맞은 하와이 기념 목걸이와 같은 것이었다. 물론 바로 그 목걸이인지는 나중에 확인해 봐야겠지만 분명히 수상했다.

달곰이와 혜성이는 얼른 두 남자의 뒤를 쫓기 시작했다. 남자들은 말없이 길을 걸어 횡단보도 앞에 멈춰 섰다. 잠시 후 신호등이 녹색 불로 바뀌었는데 색맹이 의심되는 남자는 건너려고 하지 않고 가만히 있었다. 같이 있는 남자가 툭 건드리자 어색한 미소를 지으며 따라 건넜다.

그렇다면 초록색과 빨간색을 구별하지 못한다는 뜻. 색맹이 분명하다. 달곰이와 혜성이는 그들이 확실한 범인이라고 생각했다. 바로 요리에게 연락해 자신들이 가는 곳으로 경찰을 보내 줄 것을 요청했다.

횡단보도를 건넌 남자들은 지하철 10호선 마구역으로 향했다. 그러고는 지하철을 타고 한 20분쯤 가서 이리역에서 내렸다. 그동안 둘은 서로 한마디도 없이, 마치 뭔가 결전을 치르려는 듯 어두운 표정. 그리고 누군가에게 전화를 걸면서 주택가 골목 골목을 헤매더니, 한 다세대 주택 앞에 멈춰 섰다. 거기에는 또 한 남자가 기다리고 있었다. 이 남자가 미리 가서 집을 봐 두고 두 사람을 부른 것이 분명했다.

세 남자는 주위를 살피더니 얼른 열린 대문 안으로 들어갔다. 먼저 와 있던 남자가 주머니에서 긴 꼬챙이를 꺼내 1층 집 현관문을 열었다. 아주 손쉽게. 그 다음 이쑤시개를 꺼내 열쇠 구멍에 꽂는 것이 아닌가!

그 시간, 요리는 혜성이와 달곰이의 위치를 추적해 그곳으로 경찰을 요청했다. 영재의 보고를 받고 정 형사와 어 형사도 현장으로 달려왔다.

순식간에 경찰들이 집을 둘러싼 후, 정 형사가 작전 개시 명령을 내리고 곧바로 현관으로 갔다. 경찰들은 밖에서 망을 보던 한 남자를 간단히 제압했다. 정 형사가 현관문으로 가서 계속 문을 열려는 시늉을 하자, 예상대로 잠시 후 두 남자가 뒷문으로 빠져나왔다. 작은 쇼핑백 하나를 들고서. 경찰과 맞닥뜨린 두 남자는 전혀 예상치 못한 상황에 소스라치게 놀라는 표정. 그러자 어 형사가 앞으로 나서며 말했다.

"당신들을 연쇄 절도 사건의 범인으로 체포합니다."

현장 수행 평가의 결과는?

마지막 현장 수행 평가는 현장에서 범인들을 체포하는 것으로 멋지게 해결되었다. 범인들은 시골에서 올라온 재수생들로 가난한 집안 형편 때문에 학원비, 책값, 월세, 식비까지 감당하기 아주 힘들었다고 한다.

"다 나 때문이에요. 내가 길에서 갑자기 쓰러지는 바람에 눈을 크게 다쳤거든요. 친구들이 모아 놓은 돈을 다 털어서 겨우 수술을 받긴 했는데, 시신경을 다쳐서 색맹이 되었어요. 결국 밀린 월세와 외상값 독촉에 너무 힘들어서……. 나 하나 때문에 친구들까지! 흑흑흑……."

색맹인 남자가 흐느끼자, 한 친구가 그의 어깨를 두드리며 위로했다.

"어쩔 수 없었잖아. 그리고 나도 잘못했어. 넌 안 된다고 했는데, 내가 하자고 했잖아."

그러자 이번에는 또 한 친구가 말했다.

"아니야. 한 번만 하고 그만두자고 했을 때 계속 하자고 한 건 나야."

도둑질을 한 것은 잘못이지만 그래도 끝까지 서로를 감싸는 세 남자의 우정은 대단하다는 생각이 들었다. 공부하기도 어려운 형편에 사고까지 당해 얼마나 막막했을까 생각하니, 아이들은 정말 마음이 아팠다. 그러나 죗값은 치러야 하니, 결국 세 명은 절도 혐의로 구속되었다.

드디어 마지막 현장 수행 평가 점수가 발표되는 시간. 그나저나 혜성이는 벌써 마이너스 12점인데……. 혜성이의 표정이 갑자기 어두워지고, 아이들도 모두 고개를 숙였다. 정 형사가 점수를 발표하기 시작했다.

"세 번의 평가를 치른 점수는 한영재, 마이너스 4점, 그래서 86점. 그리고 이요리도 마이너스 4점으로 86점, 반달곰은 마이너스 7점으로 83점, 그리고 나혜성은 마이너스 12점으로 78점이다."

그렇다면 예상대로 나혜성은 점수가 80점에 못 미치니, 탈락. 이제 어떡한단 말인가! 이제껏 모든 일에 최선을 다한 나혜성. 다른 아이들보다 뛰어났으면 뛰어났지 절대 모자라지 않았던 혜성이가 탈락이라니!

그때였다. 이제껏 아무 말 없이 지켜보고만 있던 박 교장이 모두를 쭉 둘러보더니 정 형사에게 말했다.

"그럼 가산점도 발표하지. 가산점은 몇 점이지?"

가산점? 그러고 보니 현장 수행 평가 시작 전에 박 교장이 말했었다.

'세 번의 사건에 총 90점. 거기에 가산점을 10점 합해 100점 만점.'

맞아. 왜 여태 그 생각을 못했지? 90점이 아니라 100점 만점에 80점 이상이었지! 혹시 혜성이가 가산점을 받는다면? 그렇게만 되면 얼마나 좋을까! 아이들은 모두 같은 심정이었다. 드디어 정 형사가 말했다.

"개인의 능력과 자질도 중요하지만, 수사에 있어서 가장 중요한 것은 팀워크이다. 위기 상황에서 서로의 능력을 믿고 끝까지 최선을 다해 문제를 해결한 너희 모두에게 3점씩 가산점을 준다. 이상!"

뭐? 3점! 그럼 혜성이도 81점!

"와, 통과다! 통과!"

모두 소리를 지르며 혜성이를 얼싸안고 방방 뛰며 좋아하는데, 혜성이는 아직 얼떨떨했다. 자신의 일보다 더 좋아해 주는 아이들이 고마워 혜성이는 저도 모르게 눈물이 났다. 그 모습을 보는 박 교장, 어 형사, 정 형사도 흐뭇한 미소. 알고 보면 정 형사도 꽤 따뜻한 면이? 물론 더 겪어 보아야 알겠지만 말이다. 여하튼 모두 통과했으니, 만세다! 만세!

달콤이가 들려주는
사건 해결의 열쇠

'연쇄 절도 사건'을 해결하는 중요한 단서가 된 '색맹'. 색맹이 무엇인지 알기 위해서는 우리 몸의 감각 기관 중 하나인 눈에 대해서 잘 알아야 해.

💡 눈의 구조

우리 몸에는 외부의 자극을 느끼고 받아들이는 것을 담당하는 기관이 있는데, 이를 '감각 기관'이라고 해. 사람이 느낄 수 있는 감각에는 시각, 청각, 후각, 미각, 촉각 등이 있지.

소리를 듣는 청각은 '귀'가 맡고 있고, 맛을 느끼는 미각은 '혀'가 맡지. 또 냄새를 맡는 후각은 '코'가, 온도 · 압력 · 감촉 등을 느끼는 촉각은 '피부'가, 그리고 물체를 보는 시각은 '눈'이 맡고 있어.

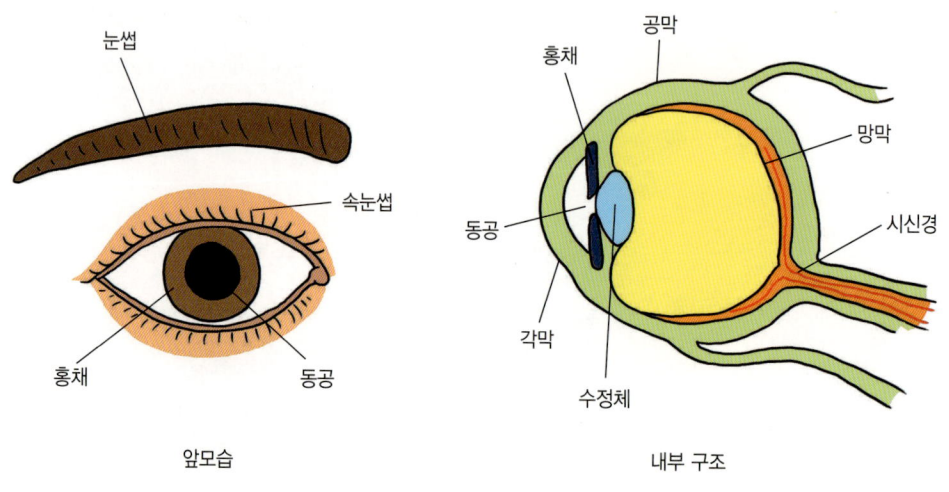

〈눈의 구조〉

그럼 사물의 모양이나 색깔을 구별하게 해 주는 '눈'은 어떻게 생겼을까?

눈의 바깥층에는 안구를 보호하는 공막과 각막이 있는데, 특히 각막은 빛을 굴절시키는 역할도 해. 각막 안쪽에는 홍채(검은자위)가 있어. 눈의 색깔이 갈색이니 푸른색이니 하는 것은 홍채의 색을 말하는 거야. 홍채의 가운데에는 색이 검은 동공(눈동자)이 있지. 동공은 눈으로 들어오는 빛의 양을 조절해. 어두운 곳에서는 동공이 커져서 빛을 가능한 많이 받아들이고, 밝은 곳에서는 동공이 작아져서 너무 많은 빛이 들어오지 않게 하지.

홍채 바로 뒤에는 수정체가 있는데, 볼록 렌즈처럼 빛을 꺾어서 초점을 맞추지. 이때 초점이 맞춰지는 곳이 망막이야. 망막에는 시세포가 있어서 빛을 받아 색깔과 명암을 구분하지.

눈이 물체를 보는 과정

감각 기관에 의해 받아들여진 자극은 감각 신경을 지나 척수를 통해 뇌로 전달돼. 그러면 뇌에서 자극을 판단하여 그에 맞는 반응을 하도록 명령을 내리지. 그 명령은 다시 척수를 통해 운동 신경을 지나 우리 몸이 자극에 맞는 반응을 일으키게 돼.

그럼 우리는 물체를 어떻게 보고 인식할까? 물체에서 오는 빛은 각막에서 한 번 꺾여 동공을 통과하지. 그 빛은 수정체에 이르러 한 번 더 꺾여. 이때 수정체는 물체가 눈과 떨어진 거리에 따라 둥글게 되기도 하고 평평해지기도 하면서 빛이 꺾이는 정도를 조절하지. 이렇게 꺾인 빛은 망막에 맺혀서 상을 만들어. 이때 망막에서는 물체의 상이 뒤집혀 보여. 이렇게 맺힌 상은 시신경을 타고 뇌로 전달되고, 뇌에서는 뒤집힌 상을 바로잡아 무엇인지 알게 되지.

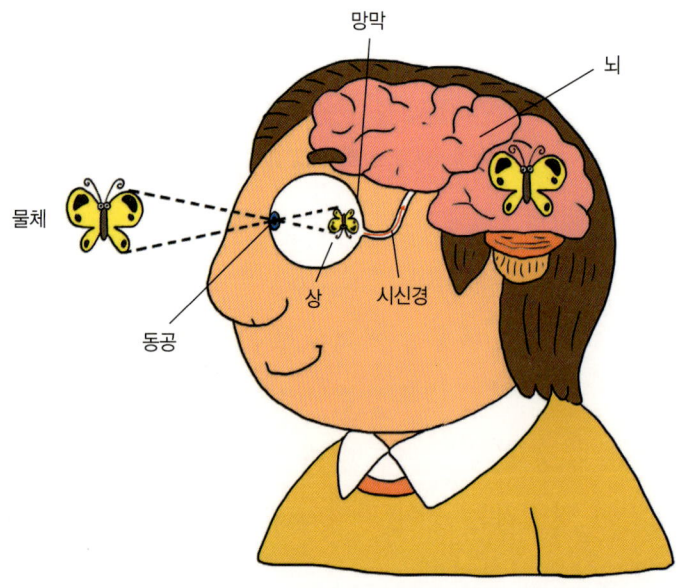

〈눈이 물체를 보는 과정〉

💡 색맹이란?

우리 눈이 물체를 볼 수 있는 것은 망막에 있는 시세포 때문이야. 망막에 온 빛은 시세포에서 정보를 얻고, 이 정보는 다시 시신경으로 전달되지. 시세포에는 밝고 어두운 정도를 구별하는 '간상 세포'와 자세한 모양과 색을 인식하는 '원추 세포'가 있는데, 이 중 원추 세포가 빛의 삼원색인 빨간색, 파란색, 초록색 빛에 각각 반응하기 때문에 색을 구분할 수 있는 거지.

그렇다면 색맹은 왜 생길까? 원추 세포에는 세 종류의 특별한 색소가 있어. 이 색소들은 각각 초록색, 빨간색, 파란색 빛을 흡수해서 우리가 색을 구별하도록 해 줘. 그런데 이 색소 중 하나 이상이 없으면 색맹이 되는 거야. 색맹은 대부분 유전되는데, 망막이나 시신경에 손상을 입은 경우에는 드물게 후천적으로 색맹이 될 수도 있어.

색맹은 여성보다 남성에게 더 많아. 여성은 200명 가운데 한 명이 색맹인데, 남성은 100명 가운데 8명이 색맹이지.

색맹에는 몇 가지 종류가 있어. 가장 흔한 종류는 빨간색과 초록색을 구별하지 못하는 '적록 색맹'이야. 드물게는 색깔을 모두 구별하지 못하는 경우도 있는데, 이를 '전색맹'이라고 해. 전색맹인 사람은 마치 흑백 사진을 보는 것처럼 사물의 밝고 어두운 정도만을 구분할 수 있어.

〈원추 세포와 간상 세포〉

그러니까 생각해 봐. 연쇄 절도 사건의 범인 중 한 명은 계속해서 빨간색과 초록색 물건을 섞어 놓는 실수를 저질렀어. 바로 적록 색맹이었던 거지. 그래서 탐문 수사를 통해 적록 색맹인 사람을 찾아내 그 뒤를 쫓은 결과, 현장에서 범인을 잡을 수 있었던 거야. 어때, 이젠 알겠지?

■ 핵심 과학 원리 – 정전기

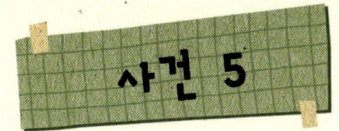

주유소 화재 사건

"차, 차가 들어오기에 뛰어나왔는데,
가, 가득 넣으라고 하셔서 넣고 있는데, 전화가 와서 뛰어갔는데,
갑자기 펑 하는 소리가 들려서 뛰어나왔는데……."

화재 사건 발생

시간은 흘러 흘러 어느새 12월 초. 아이들은 기말 시험을 치르느라 눈코 뜰 새 없이 바쁜 나날을 보냈다. 물론 과목별 시험이야 거의 매일, 시간마다 봐 왔고, 심심할 때마다 구술 테스트까지 했으니 기말 시험이라도 크게 문제될 것은 없었지만, 그래도 과목마다 90점 이상이 되지 않으면 진급이 안 되므로 모두 바짝 긴장해서 시험을 치렀다.

그러다 보니, 시험 기간 일주일 내내 제대로 잠을 못 잔 것은 당연한 일. 드디어 기말 시험이 끝나고 다음 날 아침이 되었다. 그런데 오늘도 아침 7시, 어김없이 기상 시간을 알리는 요란한 벨이 울렸다. 아이들은 짜증이 났다. 어떻게 한 번을 안 봐주는지…….

특히 갑작스레 쌀쌀해진 날씨에 며칠 전부터 감기 기운이 있던 영재는 시험이 끝나 긴장이 풀려서 그런지 머리도 아프고 온몸이 물에 빠진 스펀지처럼 축축 처지는 것 같았다. 그렇다고 아침 운동에 빠질 수도 없고……. 그래서 체육복 안에 스웨터라도 입으려고 하는데, 그때였다.

"앗, 따가워!"

영재는 따가움을 느꼈다. 가뜩이나 곤두선 신경에 일격을 당한 듯 영재는 기운이 쭉 빠졌다. 하지만 어쩌겠는가! 자신이 늦으면 다른 사람이 벌을 받는 것을……. 영재는 할 수 없이 운동장으로 뛰어나갔다.

그런데 아이들이 운동장을 다섯 바퀴쯤 돌았을 때였다. 갑자기 펑! 하고 큰 소리가 났다.

"헉! 무슨 소리지?"

"뭐가 터졌지?"

아니, 아침부터 이게 웬 날벼락이란 말인가.

아이들은 곧바로 교장실로 뛰어갔다. 박 교장은 어떤 일이 벌어졌는지 벌써 파악하고 있었다.

"뭐? 유일 주유소? 알았어."

"왜 그래요? 폭탄 테러예요?"

어 형사도 놀라 황급히 달려온 모양이었다.

"모르지. 일단 가 봐."

이런, 이제 시험 끝나서 좀 쉬나 했는데 바로 사건이 터져 주시니! 사건 복은 타고난 아이들이다. 물론 관할 경찰서에서 벌써 출동했겠지만, 그래도 유일 주유소라면 바로 학교 앞 사거리에 있는 주유소. 학교 차나 경찰차도 가끔 기름을 넣는 곳이다. 거기서 폭발 사고가 났다는데 어떻게 모른 척 할 수 있겠는가! 궁금해서라도 가 봐야지.

아이들이 가 보니 벌써 소방차가 출동해 불을 끄고 있었고 경찰차도 한 대 와 있었다. 차량 한 대와 주유기 두 대가 완전히 탔지만, 다행히 119가 재빨리 출동해 불을 끈 덕분에 더 큰 화재로 이어지지 않았다.

만약 불이 다른 곳으로 번졌다면? 생각만 해도 아찔한 일이 아닌가!

누구 잘못인가?

"아유! 난 몰라. 어떡해, 내 차. 내 새 차. 저게 얼마짜리 차인데······. 산 지 일주일밖에 안 된 차라고! 어떡해, 난 몰라!"

차 주인인 듯한 아주머니는 발을 동동 구르며 계속 소리를 질렀고, 그 옆에는 주유소 종업원이 잔뜩 놀라고 겁먹은 얼굴로 어쩔 줄 몰라 하며 서 있었다.

경찰서에서 나온 양 순경이 어 형사를 발견하고 인사를 했다.

"아유, 추운데 왜 나오셨어요? 저희가 해도 되는데······."

"그냥 와 봤어. 어서 해."

"아, 예."

양 순경은 차 주인에게 물었다.

"사건 경위 좀 말씀해 주시죠."

"사건 경위는 무슨 사건 경위예요. 기름 넣으러 와서 차 대고 잠깐 화장실 갔다가 나왔는데, 갑자기 펑! 하고 폭발했잖아요. 그게 다예요."

차 주인 김복순. 60세쯤 되어 보이는 아주머니로 긴 모피 코트에 명품 가방을 들고 있는 모습이 꽤 부자인 듯했다. 말을 마친 김복순은 옆에 서 있는 종업원 장근식에게 마구 신경질을 부리기 시작했다.

"야! 이 차가 얼마짜린 줄 알아? 벤다 587. 1억 5000만 원짜리야. 그리고 출고된 지 딱 일주일밖에 안 된 따끈따끈한 찬데, 홀랑 태워 먹었으니 어떡할 거야? 어?"

아무래도 김복순은 장근식이 차를 폭발시켰다고 생각하는 모양이었다. 장근식은 김복순의 대단한 기세에 눌린 데다가 너무나 당황해서 그런지 아무 말도 못하고 있었다. 양 순경이 물었다.

"이 차에 기름 넣었어요?"

"네? 아, 네……."

"어떻게 했는지 자세히 좀 말해 봐요."

"차, 차가 들어오기에 뛰어나왔는데, 가, 가득 넣으라고 하셔서 넣고 있는데, 전화가 와서 뛰어갔는데, 갑자기 펑 하는 소리가 들려서 뛰어나왔는데……."

장근식은 놀라도 어지간히 놀란 모양이었다. 도대체 무슨 말을 하는 건지……. 답답했는지 양 순경이 정리를 했다.

"그러니까 차가 들어와서 뛰어나왔다. 아주머니가 가득 넣으라고 해서 가득 넣고 있는데, 전화가 와서 사무실로 뛰어갔다. 그런데 갑자기 차에서 펑 하는 폭발음이 들렸다, 이거죠?"

"네, 마, 맞아요."

"그럼 전화 받으러 갔을 때 주유기 꽂아 놓은 채로 들어갔나요?"

"네? 네……."

바로 그때였다. 난데없이 한 남자가 뛰어들더니, 장근식의 뺨을 냅다 때리는 것이 아닌가!

"이 녀석! 내가 너 사고 낼 줄 알았다."

가만, 이게 무슨 소리?

"너 담배 피웠지? 그렇지?"

남자가 험악하게 다그치자 장근식이 잔뜩 겁먹은 얼굴로 대답했다.

"네? 네……."

"내가 분명히 담배 피우지 말라고 했지! 그런데 왜 피웠어? 왜 피워서 이 난리를 만들어?"

상황을 보니, 남자는 주유소 주인. 양 순경이 끼어들며 말했다.

"잠깐! 장근식 씨, 당신 담배 피웠어?"

그러고 보니, 장근식에게서 퀴퀴한 담배 냄새가 났다.

"네……."

장근식은 하얗게 질린 얼굴로 대답했다. 그러자 이번에는 김복순이 삿대질을 하며 소리를 질렀다.

"뭐? 담배를 피워? 아니, 그럼 내 차에 불내려고 일부러 담배를 피운 거야? 어? 그런 거야?"

"아, 아니에요. 전 그, 그냥 잠깐 기다리는 동안에……."

주유소 주인의 말에 따르면, 장근식은 오늘 처음 주유소 아르바이트를 시작한 대학생이었다.

"아르바이트 하겠다고 왔는데, 담배 냄새가 많이 나더라고요. 그래서 주의를 줬죠. 주유소에서는 작은 담배꽁초 하나도 엄청난 폭발을 일으킬 수 있으니, 절대 피우면 안 된다."

그렇다. 주유소는 기름을 넣을 때 발생하는 증기가 차 주위에 몰려 있기 때문에 작은 불씨로도 엄청난 불이 날 수 있는 아주 위험한 곳이다. 그래서 주유소에서는 담배뿐 아니라 라이터, 성냥 등도 켜면 안 된다.

"그런데 담배를 피워? 허, 참! 내 주유소를 날려 버리려고 완전히 작정을 했구먼."

주인은 화가 나 참을 수가 없다는 듯 다시 장근식에게 달려들었다. 어 형사와 양 순경이 얼른 끼어들어 말렸다. 그리고 장근식은 자세한 조사를 받기 위해 양 순경과 함께 경찰서로 갔다. 초보 아르바이트생의 사소한 실수가 엄청난 화를 불러온 것이다.

새로운 의문이 들다

아침부터 불구경에 싸움 구경까지 하고 돌아오니, 영재는 머리가 더

지끈지끈 아팠다. 그래서 양호실에서 감기약을 받아 먹고 수업을 듣기 시작했는데, 이상하게 아침의 사건이 자꾸 생각났다.

"담배를 피운 것은 분명히 장근식의 잘못이지만, 그래도 뭔가 이상해. 장근식이 피운 담배가 폭발의 원인이라면 장근식이 조금이라도 화상을 입지 않았을까?"

쉬는 시간에 영재가 이렇게 의문을 제기하자, 혜성이가 나름대로 추리를 내놓았다.

"혹시 무심결에 차 쪽으로 던진 게 아닐까?"

바로 그때, 영재는 갑자기 아까 장근식이 한 말이 떠올랐다.

'전화가 와서 뛰어갔는데, 갑자기 펑 하는 소리가 들려서 뛰어나왔는데…….'

그렇다면 그가 사무실에 있을 때 폭발음이 들렸다는 얘기가 아닌가.

"가만, 그럼 담배를 어디서 피웠다는 거야?"

요리가 이상하다는 듯 묻자, 혜성이가 대답했다.

"그 얘긴 안 했지. 주유소 주인아저씨가 담배 피웠냐고 하니까 그렇다는 대답만 했잖아."

"혹시 전화 받으러 갔다가 사무실에서 핀 게 아닐까?"

영재가 자신의 생각을 말하자, 달곰이도 말했다.

"그럼 일부러 차를 폭발시키려고 멀리서 담뱃불을 던졌다는 말이 되네. 그래! 그럼 안 다친 게 당연하네."

"그렇다면 왜? 왜 그런 짓을 했을까? 아무 관계도 없는 사람에게 왜?"

영재가 자꾸 질문하자, 요리가 영재의 어깨를 툭툭 치며 말했다.

"한 형사님! 그렇게 궁금하시면 다시 한 번 만나 보시죠."

"하하하하."

요리의 장난스런 행동에 혜성이와 달곰이가 웃음을 터뜨렸다. 그러나 영재는 괜히 얼굴이 붉어지는데……. 아이 참, 티 나면 안 되는데……. 영재의 마음을 아는지 모르는지 요리는 다시 장난스럽게 말했다.

"제가 모시고 가겠습니다."

"하하하하."

야호, 요리 누나가 같이 가 준다니! 영재는 갑자기 몸이 날아갈 듯 가벼워지는 것 같았다.

그래서 수업이 끝나자마자 영재와 요리는 경찰서로 향했다. 장근식은 유치장에 갇혀 있었다. 그는 이제 좀 정신이 드는 듯한 표정이었는데, 아이들을 보자 갑자기 매달리기 시작했다.

"얘들아, 너희 형사라고 했지? 그럼 내 얘기 좀 들어 줘. 아무도 내 얘기를 안 믿어 줘. 아까는 내가 너무 당황해서 말을 못했는데, 난 정말 아니야. 내가 한 게 아니야."

아니라고? 아까는 순순히 시인하더니, 이제 와서? 요리가 말했다.

"좋아요. 그럼 다시 처음부터 차근차근 이야기해 보세요."

장근식은 이야기를 시작했다. 그가 아르바이트를 하기 위해 주유소에 나온 시간은 오전 6시. 주인아저씨에게 주의 사항을 들은 후 일을 하기 시작했는데, 7시쯤 되어 주인아저씨가 집에 좀 갔다 온다며 주유소를 떠났다. 혼자 주유소를 보고 있는데 7시 20분쯤 김복순의 차가 들어왔다. 얼른 달려 나갔는데, 김복순이 차에서 황급히 내리면서 물었다.

"화장실 어디 있니?"

"저, 저기요."

대답이 끝나기가 무섭게 김복순이 화장실로 뛰어가기에, 장근식은 얼른 뒤에 대고 물었다.

"얼마나 넣을까요?"

그러자 김복순은 뛰어가며 말했다.

"가득 넣어. 가득."

"그래서 주유기를 주유구에 막 꽂았는데, 사무실에서 전화벨이 울리는 거야. 어떡할까 잠시 망설였지. 전화를 받아야 하나, 차 옆에 있어야 하나. 그런데 계속 전화벨이 울리는 거야. 할 수 없이 사무실로 뛰어갔어. 그리고 전화를 받았는데, 그냥 끊어지더라고. 아주머니도 아직 안 나오고, 주유기는 기름을 다 넣으면 자동으로 멈추니까 딱 한 모금만 피우려고 담배에 불을 붙였지. 그때 펑! 폭발이 일어난 거야."

예상대로 그가 담배를 피운 곳은 사무실이었다. 그렇다면 달곰이 말대로 일부러 담배꽁초를 차로 던졌을까? 요리가 조심스럽게 물었다.

"이건 정말 혹시나 해서 묻는 건데요. 담배에 불을 붙여 자동차로 던진 건 아니죠? 정말 혹시나 해서 묻는 거예요."

"말도 안 돼. 내가 왜 그런 짓을 해. 어떻게 얻은 일자리인데. 게다가 처음 보는 그 아주머니한테 왜?"

손까지 저어 가며 부인하는 것을 보니, 정말 아닌 것 같긴 한데……. 바로 그때였다. 장근식이 손뼉을 쳤다.

"아, 맞다! 나오면서 내가 담배꽁초를 바닥에 대고 끄고 나왔으니까 사무실 바닥에 아직 담배꽁초가 남아있을 거야."

담배꽁초가 남아 있다고! 장근식의 말이 사실이라면, 담배를 피워서는 절대 안 되는 주유소에서 담배를 피운 것은 잘못이지만 그 담배가 폭발 원인은 아닐 수도 있다. 그렇다면 먼저 담배꽁초를 찾아야 한다.

또 다른 주유소 화재 사건 발생

요리와 영재는 곧바로 유일 주유소로 갔다. 그리고 사무실 바닥을 찾아본 결과, 책상 밑에서 담배꽁초를 한 개 발견했다. 이제 담배꽁초에 묻어 있는 침이 장근식의 것인지 확인해야 한다. 만약 그렇다면 담배꽁초가 폭발의 원인이 아니었음이 확실해진다.

그런데 영재와 요리가 막 학교 정문에 들어서고 있을 때였다. 혜성이가 다급한 목소리로 영재에게 전화를 걸었다.

"영재야, 어디니?"

"다 왔어. 교문 앞이야."

"그래? 또 주유소에서 화재가 발생했어."

"정말? 어딘데?"

"양봉동! 지금 나갈 테니까 거기서 기다려."

허, 참! 이게 웬일인가. 하루에, 그것도 주유소에서만 화재 사건이 두 건이나 일어나다니. 잠시 후 혜성이와 달곰이가 정문으로 나왔다. 아이들은 곧바로 양봉동 주유소로 향했다.

아이들이 가 보니, 이미 불난 것은 다 정리되어 있었다.

차 주인은 손과 팔에 화상을 입고 곧바로 병원으로 옮겨졌는데, 다행히 얼른 불을 꺼서 더 큰 화상은 입지 않았다고 한다. 그래서 요리와 영재는 차 주인을 만나러 곧바로 병원으로 가고, 달곰이와 혜성이는 남아서 사건에 대해 자세히 알아보기로 했다.

이 주유소는 차 주인이 직접 기름을 넣는 장치인 '셀프 주유기'가 설치된 곳이다. 종업원과 주인의 말에 따르면, 차 주인이 직접 기름을 넣고 있는데 갑자기 주유구에서 펑 하고 불이 나기 시작했다는 것이다.

"다행히 소화기가 있어서 얼른 불을 껐지. 아유~ 어찌나 놀랐던지!"

주유소 주인은 아직도 가슴이 뛰는 듯 가슴을 쓸어내리며 말했다.

"주유기에 문제가 있는 건 아니었나요? 기름이 샌다거나……."

혜성이가 묻자 주유소 주인은 버럭 화를 내며 말했다.

"무슨 소리야. 오늘만 해도 벌써 몇 명이 거기서 기름을 넣고 갔는데. 20명은 족히 될걸. 다른 사람은 아무 문제 없었는데, 왜 그 차만 불이 나. 그건 그 차 문제겠지."

그러더니 주유소 주인은 귀찮다는 듯 한마디 했다.

"난 저 경찰한테 다 말했으니까 궁금한 게 있으면 저 경찰한테 물어

봐. 조그만 녀석들이 형사라고 찾아와서는……. 허, 참!"

뭐, 조그만 녀석들? 혜성이는 순간 울컥했다. 달곰이가 눈치를 채고는 얼른 혜성이의 팔을 잡으며 참으라고 눈짓을 했다. 그나저나 이번 화재의 원인은 또 무엇일까?

한편, 병원으로 차 주인을 찾아간 요리와 영재는 차 주인의 치료가 끝나자 사건에 대해 물어보았다.

"어떻게 된 일인지 나도 모르겠어. 그냥 셀프 주유기로 기름을 넣고 다 됐기에 막 주유기 손잡이를 꺼내는데 갑자기 펑! 하더라고."

"혹시 기름을 넣는 동안 담배 피우신 건 아니죠?"

요리가 조심스럽게 물었다. 차 주인은 부인했다.

"어머나, 얘는! 나 담배 안 피워."

그때였다. 영재의 눈에 들어오는 것이 있었으니, 차 주인이 입고 있는 스웨터. 그러고는 번뜩 떠오르는 것이 있었다. 바로 아침에 스웨터를 입다가 따가웠던 일!

"가만, 혹시 기름을 넣는 동안 뭐 하고 계셨나요?"

"차 유리창이 더럽더라고. 그래서 옷으로 차 유리창을 닦았지."

그렇다면 바로 그거다. 정전기!

> **소화기로 불을 끌 수 있는 이유는?**
>
> 가정이나 학교에서 주로 쓰는 소형 소화기에는 이산화탄소 소화기, 분말 소화기 등이 있어. 이산화탄소 소화기는 불을 끄는 성질이 있는 이산화탄소를 높은 압력으로 압축해서 액체로 만든 거야. 불난 곳에 뿌리면 이산화탄소가 기화되면서 산소를 차단해서 불을 끄지. 분말 소화기는 밀가루처럼 고운 가루인 제1인산암모늄이 들어 있어서, 불난 곳에 뿌리면 그곳을 덮어 산소를 차단함으로써 불을 끄지.

사고 원인은 정전기?

"뭐라고? 정전기 때문이라고?"

모두 학교로 다시 모이고 영재가 사고의 원인이 '정전기'라고 말하자, 다른 아이들은 황당하다는 듯 되물었다.

"응. 정전기는 주로 물체가 마찰할 때 생기는 전기야. 흐르지 않고 머물러 있어서 정전기라고 부르지. 특히 요즘처럼 건조한 날에 많이 일어나는데, 스웨터를 입거나 벗을 때 찌릿찌릿한 느낌이 나는 것, 머리를 빗을 때 머리카락이 빗을 따라오는 것도 다 정전기 때문이야."

"물론 정전기가 겨울이 되면 많이 일어나긴 하지. 하지만 그게 어떻게 폭발의 원인이 될 수 있지?"

혜성이가 고개를 갸우뚱하며 묻자, 영재가 대답했다.

"주유소에는 기름을 넣을 때 발생하는 기름 증기, 즉 유증기가 차 주위에 몰려 있거든. 그러니까 작은 불씨로도 엄청난 불이 날 수 있지. 그런데 유리창을 닦겠다고 왔다 갔다 했으니, 스웨터가 차에 자꾸 닿으면서 마찰로 인해 정전기가 발생한 건 당연한 일 아니겠어? 그러니까 그 정전기 불꽃이 바로 불씨가 돼서 폭발이 일어난 거야."

"그래도 정전기라면 상당히 약한 전기 아닌가? 그 정도로 폭발을 일으킬 수 있을까?"

이번에는 요리가 물었다. 그러자 영재는 고개를 저으며 대답했다.

"보통 가전제품의 전압이 220V(볼트)잖아. 그런데 정전기는 수천에서 최고 10만 V까지 낼 수 있다고."

"우아, 정말!"

영재의 말을 듣고 보니 정말 놀라울 따름이었다. 정전기가 그렇게 센 전기였단 말인가.

"가만, 그럼 먼저 일어난 주유소 화재 사건도 비슷한 경우 아닐까? 그때 차 주인 아주머니가 모피 코트를 입고 있었잖아."

달콤이의 말에 요리가 맞장구를 쳤다.

"맞아. 그랬겠다."

> **전압이란?**
> 전선에 전류를 흐르게 하는 능력, 즉 전기를 통하게 하는 능력을 말해. 전압이 높으면 전류가 세게 흐르고 전압이 낮으면 전류가 약하게 흐르지. 단위로는 V(볼트)를 써. 보통 가정에서는 110V와 220V를 쓰는데, 우리나라에서는 220V를 많이 사용하고 있어.

그러자 영재는 아니라는 듯 고개를 저으며 말했다.

"하지만 그 시간에 아주머니는 화장실에 있었어. 그리고 막 화장실에서 나왔을 때 폭발이 일어났다고 했잖아. 그러니까 아주머니의 모피 코트가 직접적인 화재 원인이라고는 볼 수 없지."

그러자 달곰이가 김빠진다는 듯 말했다.

"아이 참, 그럼 뭐야? 담뱃불도 아니다, 정전기도 아니다. 원인을 찾을 수가 없잖아."

이때 어 형사가 들어왔다.

"담배꽁초에 묻은 침은 장근식의 것으로 밝혀졌어. 장근식은 범인이 아니라는 얘기지."

"그러니까 도대체 뭐냐고요~?"

달곰이가 답답하다는 듯 말하자, 그 말투가 우스워 모두 웃음을 터뜨렸다. 그때였다. 영재가 벌떡 일어나며 말했다.

"다시 가 봐야겠어."

"어딜?"

"유일 주유소."

원인을 찾아내다

겨울이라 그런지 벌써 날이 저물고 있었다. 게다가 바람도 꽤 세차게

부니, 영재를 따라나선 혜성이는 괜한 고생을 하는 것이 아닌가 싶었다.

"너무 늦은 거 아냐?"

혜성이가 묻자, 영재가 대답했다.

"그래도 오늘 안에 해결해야 잠이 올 것 같아서."

"하여튼 너도 만만치 않다. 아침에는 감기 걸렸다고 골골하더니."

그러고 보니, 아침만 해도 머리가 지끈지끈 아프고 온몸이 쑤셨는데 어느새 감기 기운이 싹 가신 느낌. 그렇다면 영재에게는 사건 수사가 약? 사실 혜성이는 그런 영재의 성격을 잘 알기에 굳이 영재를 따라나선 것이다. 아침에 아프다고 했던 것도 걱정이 되고……. 아, 이 따뜻한 마음씨! 우리 혜성이, 너무 완벽한 거 아닌가?

영재와 혜성이를 본 유일 주유소 주인은 연이은 아이들의 방문에 적잖이 짜증 섞인 목소리로 말했다.

"뭐야? 또 조사할 게 있어?"

"아까 사무실에서 가져간 담배꽁초를 조사해 봤더니, 장근식 씨가 버린 게 맞아요."

"그래? 그런데 그게 뭐 어쨌다는 건데?"

"장근식 씨가 버린 담배꽁초가 폭발의 원인이 아니라는 말이죠."

혜성이가 설명을 해 주자, 유일 주유소 주인은 얼굴이 갑자기 환하게 밝아지며 물었다.

"정말? 그렇다면 그 녀석 잘못이 아니라는 거야?"

"아직 원인을 밝혀내지 못해서 그렇게 말할 수는 없지만, 담배꽁초가 직접적인 원인은 아니었다는 거죠."

하기야 처음 온 아르바이트생이라도 종업원이 저지른 실수라면, 주유소 주인도 책임을 면치 못할 일이었다. 게다가 1억 5000만 원이나 하는 외제 차가 순식간에 잿더미로 변해 버렸으니…….

사건의 작은 실마리라도 찾으러 갔던 혜성이와 영재는 아무 소득도 없이 유일 주유소를 나와 학교로 돌아오고 있었다. 그런데 근처 주유소를 지날 때였다. 차 한 대가 기름을 넣으러 들어가자, 종업원 한 명이 뛰어나와 꾸벅 인사를 하며 말했다.

"어서 오세요. 엔진 시동 좀 꺼 주시고요, 주유구 좀 열어 주세요."

영재는 머릿속에서 무언가 번뜩 떠오르는 것을 느꼈다.

'그래, 주유소에서 기름을 넣을 때에는 반드시 엔진 시동을 꺼야 한다. 그렇지 않으면 엔진의……. 엔진? 그래, 이 화재의 발화 지점은 엔진일지도 몰라!'

혜성이와 영재는 유일 주유소로 돌아가 자동차가 탄 곳을 다시 살펴보았다. 영재는 처음부터 좀 더 자세히 살펴보지 않은 것이 자꾸 후회되었다. 그렇다면 화재 원인을 보다 빨리 찾아낼 수 있었을 텐데…….

"어, 이것 봐. 여기가 처음 폭발이 일어난 위치인 것 같아."

영재가 가리키는 자리를 보니 눈에 띄는 자국이 있었다. 다른 곳보다 유난히 검게 그을렸고, 폭발 충격으로 인해 가장 심하게 아스팔트가 떨어져 나가 있었다. 영재의 말에 혜성이가 고개를 끄덕이며 말했다.

"그래, 그런가 보다. 제일 많이 그을리고 손상됐네."

그러자 영재가 다시 혜성이에게 물었다.

"가만! 차의 위치가 어떻게 됐었지?"

"주유기가 이쪽에 있으니까 이렇게 서 있지 않았을까?"

'그럼 여기가 바로 차의 앞쪽. 그렇다면!'

"그래, 역시 그거야. 엔진!"

"뭐, 엔진?"

"응. 엔진은 작동할 때 정전기 때문에 불꽃이 많이 일어나거든. 특히 겨울철에는 더 많이 일어나지. 그래서 방금 들었던 것처럼 기름을 넣을 때에는 언제나 시동을 꺼서 엔진을 멈추어야 해. 아니면 엔진 불꽃 때문에 불이 날 수 있거든. 차 앞쪽에 엔진이 있으니까, 분명히 엔진이 화재가 처음 발생한 지점이야."

영재의 말에 혜성이가 고개를 끄덕였다.

"그럼 화재가 일어난 차의 엔진을 살펴보면 되겠다. 우리가 장근식 씨를 먼저 찾아갔고, 그 다음에는 두 번째 사건이 연달아 일어나는 바람에 아직 그 불난 차를 못 봤잖아!"

영재와 혜성이는 곧바로 사고 차량을 보관한 곳으로 달려갔다. 그리고 첫 번째 화재 사건에서 불난 차를 살펴보았는데, 예상대로 엔진이 그을리고 구멍도 크게 나 있었다. 혜성이가 잠시 생각하더니 소리쳤다.

"그렇다면 그 아주머니가 엔진을 안 껐단 말이네. 맞다! 그때 화장실이 급했다고 했지!"

영재와 혜성이는 곧바로 경찰서로 가서 다시 장근식을 만났다.

"그 아주머니가 차를 댄 후, 기름을 넣기 전에 엔진을 껐나요?"

"엔진? 그, 글쎄. 내가 차 옆에 서자마자 문을 열고 나오셔서……."

그리고 나서 영재와 혜성이는 김복순도 불러서 물어보았다. 그러자 김복순은 고개를 갸우뚱하며 대답했다.

"엔진? 그, 글쎄. 안 끈 것 같은데……. 화장실이 워낙 급해서. 그런데 그게 뭐 잘못된 건가?"

"네. 그렇다면 차에 불이 난 주된 원인은 바로 끄지 않은 엔진이라고 할 수 있습니다."

영재의 말에 김복순은 깜짝 놀라며 물었다.

"엔진? 내 자동차 엔진이 뭐가 잘못됐다는 거야? 나온 지 딱 일주일밖에 안 된 새 차 엔진이 잘못될 리가 있겠어?"

"엔진 자체가 고장 났다는 게 아니라 엔진의 시동을 끄지 않아서 정전기 때문에 발생한 엔진 불꽃이 불씨가 됐다는 거예요. 그래서 주유소에서 기름을 넣을 땐 꼭 엔진 시동을 꺼야 한다는 사실, 모르셨어요?"

그러자 김복순은 기막히다는 듯 말했다.

"허, 참! 그러니까 내 잘못으로 차가 폭발했다~, 이거니?"

영재가 차분히 대답했다.

"기름을 넣을 때에는 엔진 시동을 꺼 달라고 말해야 하는데 미처 말하지 못한 장근식 씨에게도 과실이 있겠지만, 화장실이 급해 엔진의 시동을 끄지 않은 채 그냥 내리신 아주머니도 잘못하신 거예요."

결국 사건은 운전자의 안전 의식 결여와 초보 아르바이트생의 무지로 인해 벌어진 일로 밝혀졌다.

그런데 알고 보니 아직까지도 꽤 많은 운전자들이 기름을 넣을 때 엔진의 시동을 끄지 않는다고 한다. 그래서 주유소 관계자도 이를 미리 말해 주지 않으면 과태료가 부과된다고 하는데…….

단순히 돈의 문제가 아니라 자칫 잘못하면 생명까지 앗아갈 대형 사고로 번질 수 있는 주유소 화재 사건. 운전자나 주유소 관계자나 모두가 주의, 또 주의해야 할 일이다.

"여하튼 하루에 두 건이나 정전기로 인한 화재 사건이 발생하다니, 겨울철에는 특히 조심해야겠다."

어 형사도 그동안 아무 생각 없이 기름을 넣었던 것이 살짝 찔렸다.

"그래도 신기하다. 정전기가 그렇게 위험한지 난 처음 알았어."

달곰이가 말하자, 혜성이가 아는 척을 했다.

"미국에서는 정전기 때문에 한 해 동안 1,000건이 넘는 화재 사고가 일어나고, 우리나라에서도 2006년에 일어난 주유소 화재 사건 가운데 40퍼센트가 정전기 때문에 일어난 거래."

역시 나혜성. 벌써 인터넷 검색까지 해 본 모양인데, 빠르다 빨라. 바로 그때였다. 요리가 갑자기 생각난 듯 물었다.

"아 참, 영재 너 감기 걸렸다며? 괜찮아?"

그러자 혜성이가 크게 웃으며 말했다.

"하하하. 벌써 아까, 아까 다 나았어. 아주 특별한 약을 먹었거든."

"정말? 뭔데?"

우리의 순진한 달곰이가 물었다. 그러자 혜성이는 영재에게 살짝 윙크를 하며 말했다.

"그런 게 있어."

"하하하하."

혜성이와 영재, 둘이서 같이 웃는 모습이 꼭 닮아 보인다. 마치 한 형제처럼.

영재가 들려주는
사건 해결의 열쇠

겨울이 시작되는 12월. 2건의 '주유소 화재 사건'을 해결할 수 있었던 사건 해결의 열쇠는 바로 '정전기'에 대해 잘 아는 거야.

💡 정전기란?

옷, 특히 털옷에 플라스틱으로 만든 자를 열심히 문지른 다음 친구 머리에 살짝 대어 보면……. 어때? 친구의 머리가 위로 쭉~ 따라 올라오는 걸 볼 수 있지? 꼭 마술에 걸린 것처럼 말이야. 하지만 이건 마술이 아니라 과학이야. 바로 정전기 때문이거든.

정전기는 흐르지 않고 그 자리에 머물러 있는 전기를 말해. 보통 전선을 따라 물처럼 흐르는 전기('전류'라고 해.)와 구분하기 위해 쓰는 말이지. 주로 마찰에 의해 생겨. 그렇다면 이러한 정전기는 어떻게 생기는 것일까?

〈두 물체를 마찰했을 때 생기는 정전기〉

물질을 이루는 가장 작은 알갱이인 원자 속에는 (+)전하를 띤 알갱이인 '양성자'가 있는 '원자핵'과 (−)전하를 띤 알갱이인 '전자'가 있어. '전하'란 물체가 띠고 있는 전기를 말해. 양성자와 전자의 숫자가 같으면 전기적으로 '중성'이라고 하지.

그런데 두 물체를 아주 가깝게 하거나 서로 닿게 해서 문지르면, 질량이 가벼운 전자가 자신이 가고 싶은 쪽으로 가면서 두 물체는 원래 중성이었던 상태를 벗어나게 되지. 이때 전자를 얻은 물체는 (−)전하를 띠고 전자를 잃은 물체는 (+)전하를 띠게 되는데, 이런 상태를 '정전기를 가졌다.'고 해.

정전기의 발견과 수집

처음 정전기 현상을 발견한 사람은 누구일까? 고대 그리스의 철학자 탈레스야. 약 2500년 전 탈레스는 호박(나무의 진이 오랫동안 땅에 묻혀 돌처럼 굳은 것)을 털가죽으로 문지르면 가벼운 물체들이 호박에 달라붙는다는 사실을 알게 되었어. 하지만 그때는 왜 그런지 알 수 없었지. 이러한 현상을 '정전기'라고 부르기 시작한 것은 그로부터 2000년쯤 지나서였어.

그 후 사람들은 정전기를 모아 두는 방법을 궁리하기 시작했지. 그래서 만들어 낸 장치 중 하나가 1746년에 뮈스헨브룩이 만든 '레이던병'이야. 레이던병은 전기가 통하지 않는 유리병의 안팎과 밑면을 금박으로 싸고, 코르크 마개 중심에 꽂은 놋쇠 막대 끝에 쇠사슬을 달아 밑면에 닿도록 한 거야. 정전기를 일으키는 물체를 놋쇠 막대에 닿게 하면 막대로 전류가 흘러서 안쪽 금박에 전하가 쌓여. 그러면 바깥쪽 금박은 반대 전하를 띠게 되지. 정전기를 가진 물체를 병에서 떼어도 전하는 그대로 남아 있어.

이때 병의 안쪽과 바깥쪽을 감싼 금박을 금속 등으로 연결하면 서로 반대되는 전하들이 밖으로 나오면서 불꽃이 일어나지.

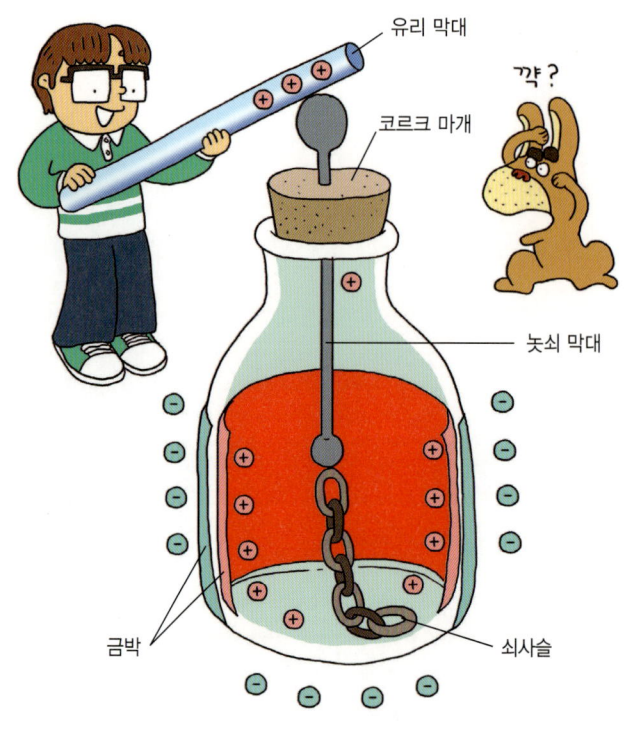

〈정전기를 모으는 레이던병〉

💡 일상생활에서의 정전기

우리 주변에서 쉽게 볼 수 있는 정전기 현상에는 어떤 것이 있을까? 겨울에 스웨터를 입거나 벗을 때, 자동차 문을 열 때, 모자를 썼다 벗을 때 등 정전기는 일상생활 곳곳에서 발생하지. 어떨 땐 친구와 손을 잡으려 할 때에도 찌릿! 전기가 흘러서 깜짝 놀라기도 해. 이건 입고 있는 옷 속의 전자들이 마찰 때문에 떨어져 나와 정전기를 띠고 있다가 친구가 손을 대면 순간적으로 친구에게 들어가면서 전기가 오르는 것을 느끼는 거야.

〈일상생활에서의 정전기 현상〉

자연에서도 대단한 정전기가 있어. 바로 번개야. 번개가 치는 것을 본 적 있어? 여기서 번쩍, 저기서 번쩍! 불꽃이 튀는 것 같잖아. 이 현상은 구름과 구름, 구름과 땅 사이에 일어나는 아주 센 정전기 현상이야. 번개는 거대한 전기 불꽃이라고 할 수 있지.

이러한 정전기 현상을 이용한 발명품도 많이 있는데, 대표적인 것이 바로 음식물을 덮을 때 쓰는 비닐 랩이야. 심에 돌돌 말려 있던 비닐이 떨어지면서 정전기가 일어나기 때문에 물건에 잘 달라붙는 거지. 그 외에도 공기 청정기나 복사기, 잉크젯 프린터 등도 정전기를 이용한 발명품이야.

그러니까 생각해 봐. 주유소에는 기름을 넣을 때 생기는 기름 증기가 둥둥 떠다니고 있었어. 그런데 기름을 넣을 때 엔진의 시동을 끄지 않았기 때문에 엔진에 의해 발생한 정전기 불꽃이 불씨로 작용해서 펑! 폭발이 일어나게 된 거지. 어때, 이젠 알겠지?

어린이 과학 형사대 CSI의 대 활약! 6권에서 계속됩니다.

특별 활동

CSI, 함께 놀며 훈련하다!

요리랑 함께 하는 신기한 놀이

① 땀 흘리는 컵

컵이 땀을 흘린다고? 이런 신기한 일이! 하지만 이건 모든 컵이 다 할 수 있는 일. 자, 그럼 시작해 볼까?

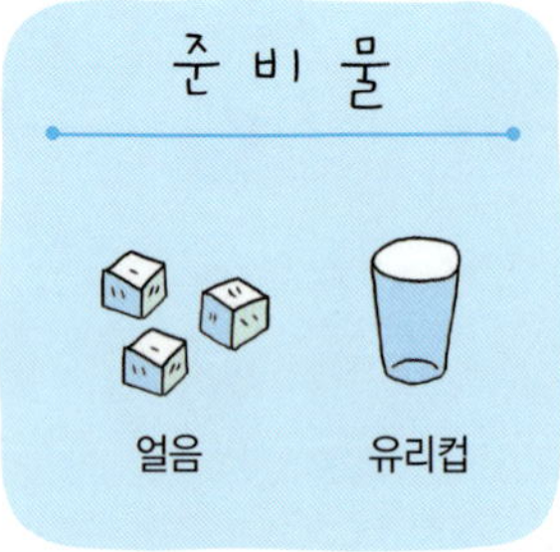

준비물: 얼음, 유리컵

❶ 유리컵을 냉장고에 넣었다가 아주 차가워지면 꺼낸다.

❷ 유리컵에 얼음을 담는다.

❸ 그대로 공기 중에 놓아두고 관찰한다.

어때? 컵이 주르륵 주르륵 땀을 흘리지? 공기 중에 있는 수증기가 차가운 컵 면에 닿으면서 가지고 있는 열을 빼앗겨 액체인 물로 바뀌기 때문이지. 물론 컵이 좀 더 빨리, 좀 더 많이 땀을 흘리게 하고 싶으면 컵은 더 차갑게, 그리고 공기는 더 따뜻하게 하면 되겠지?

② 저절로 날아가는 로켓

상태 변화를 이용해 저절로 날아가는 로켓을 만들어 볼까? 드라이아이스를 이용하면 돼.

잠시 조용하던 로켓이 갑자기 펑! 하고 튀어 오르지? 고체인 드라이아이스가 기체인 이산화탄소로 승화하면서 필름통 안이 점점 이산화탄소로 가득 차기 때문이야. 고체에서 기체가 되면 부피가 커지고, 그러면 필름통 안의 압력이 커져서 뚜껑이 열리면서 필름통을 밖으로 밀어내는 거지. 신기하지?

혜성이랑 함께 하는 신기한 놀이

① 화석은 어떻게 생길까?

화석은 대부분 퇴적 지층에서 생긴다고 하는데, 어떻게 생기는 걸까? 그 원리를 찰흙으로 간단하게 알아볼까?

어때? 조개껍데기나 솔방울의 모양이 그대로 찰흙에 남았지? 이런 원리로 화석이 생기는 거야. 오랜 세월 동안 동물이나 식물의 사체에 흙이 쌓이면 높은 압력과 열, 광물들의 작용으로 단단해지면서 그 생김새가 고스란히 남게 되는 거지.

❷ 나만의 공룡 화석 만들기

멋진 화석을 가질 수 있다면 참 좋겠지? 하지만 화석을 구하기란 쉽지 않지. 그러니까 나만의 화석을 만들어 보는 거야.

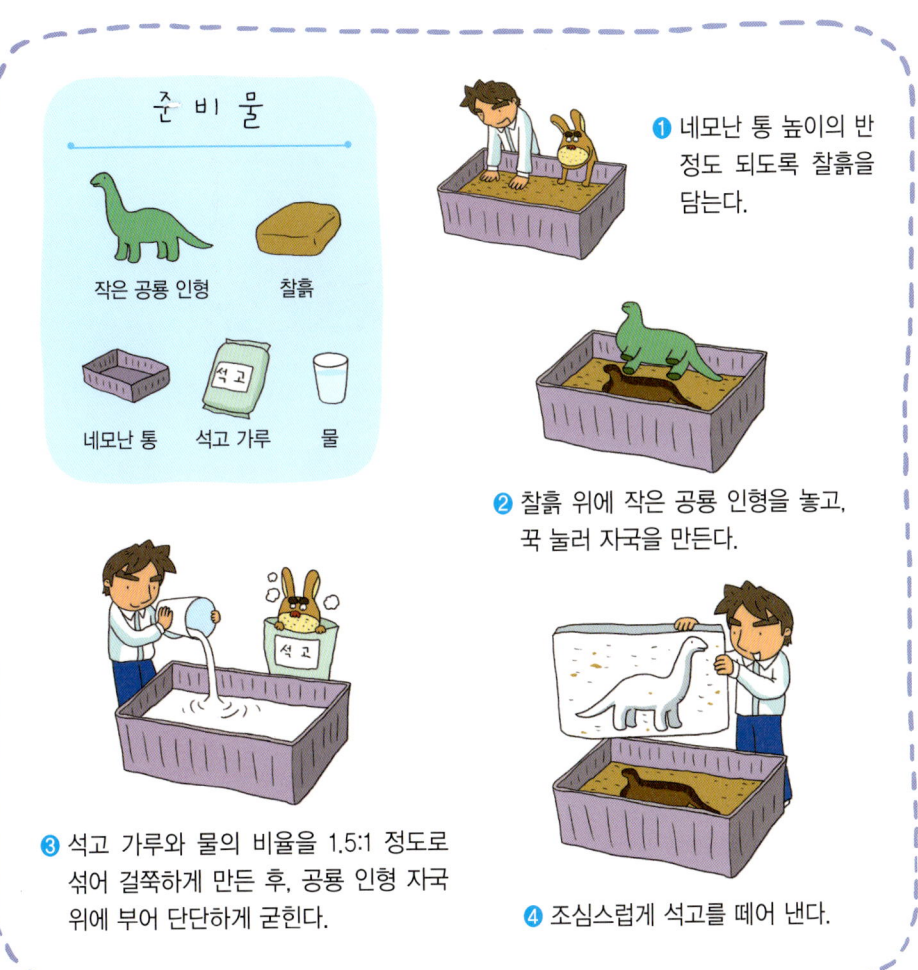

① 네모난 통 높이의 반 정도 되도록 찰흙을 담는다.

② 찰흙 위에 작은 공룡 인형을 놓고, 꾹 눌러 자국을 만든다.

③ 석고 가루와 물의 비율을 1.5:1 정도로 섞어 걸쭉하게 만든 후, 공룡 인형 자국 위에 부어 단단하게 굳힌다.

④ 조심스럽게 석고를 떼어 낸다.

어때? 찰흙 위에 찍혔던 공룡 인형 자국이 그대로 볼록하게 멋진 화석이 되었지? 조개껍데기나 멸치, 죽은 곤충, 나뭇잎 등 여러 가지 재료를 이용해서 갖가지 모양의 화석을 만드는 것도 재미있겠지?

영재랑 함께 하는 신기한 놀이

① 누가 빨리 멈출까?

달리는 자동차의 속력에 따라 멈추는 데 걸리는 시간과 거리도 다르다? '백문이 불여일견.' 직접 해 보면 더 확실하게 알 수 있지. 같이 해 볼까?

❶ 색 테이프로 출발선을 표시한다.

❷ 자동차를 출발선에 놓고 살짝 민 후, 초시계로 완전히 멈출 때까지 걸리는 시간을 재고 그 동안 이동한 거리를 테이프로 표시한 후, 줄자로 잰다.

❸ 자동차를 다시 출발선에 놓고, 세게 민다. 완전히 멈출 때까지 걸리는 시간을 재고 그동안 이동한 거리를 잰다.

자동차를 약하게 밀면 느린 속력으로 움직이고, 자동차를 세게 밀면 빠른 속력으로 움직이는 것을 볼 수 있지? 그리고 속력이 느릴 때보다 빠를 때가 완전히 멈추는 데 걸리는 시간과 이동 거리가 더 길지. 그러니까 과속은 교통사고의 지름길. 이젠 확실히 알겠지?

2 벌떡벌떡 일어나는 사람

종이 사람을 풍선 하나만 있으면 손을 대지 않고도 스스로 벌떡벌떡 일어나게 할 수 있어. 정전기를 이용하면 되거든.

① 색종이에 연필로 사람 모양을 여러 개 그려 오린 후, 책상 위에 놓는다.

② 고무풍선을 분 다음, 스웨터로 열심히 문지른다.

③ 스웨터로 문지른 고무풍선을 얼른 종이 사람 위에 가까이 댄다.

어때? 누워 있던 종이 사람들이 스스로 벌떡벌떡 일어나지? 어떤 사람은 폴짝 뛰듯이 일어나고, 어떤 사람은 아예 고무풍선에 찰싹 달라붙어 떨어질 줄을 모르지. 스웨터로 문지른 고무풍선에 정전기가 발생해 가벼운 종이를 끌어당긴 거야. 어때, 재미있지?

① 눈으로 어떻게 보나

정말 우리 눈의 망막에는 상이 거꾸로 맺힐까? 돋보기와 기름종이를 이용하면 확인할 수 있어. 함께 해 볼까?

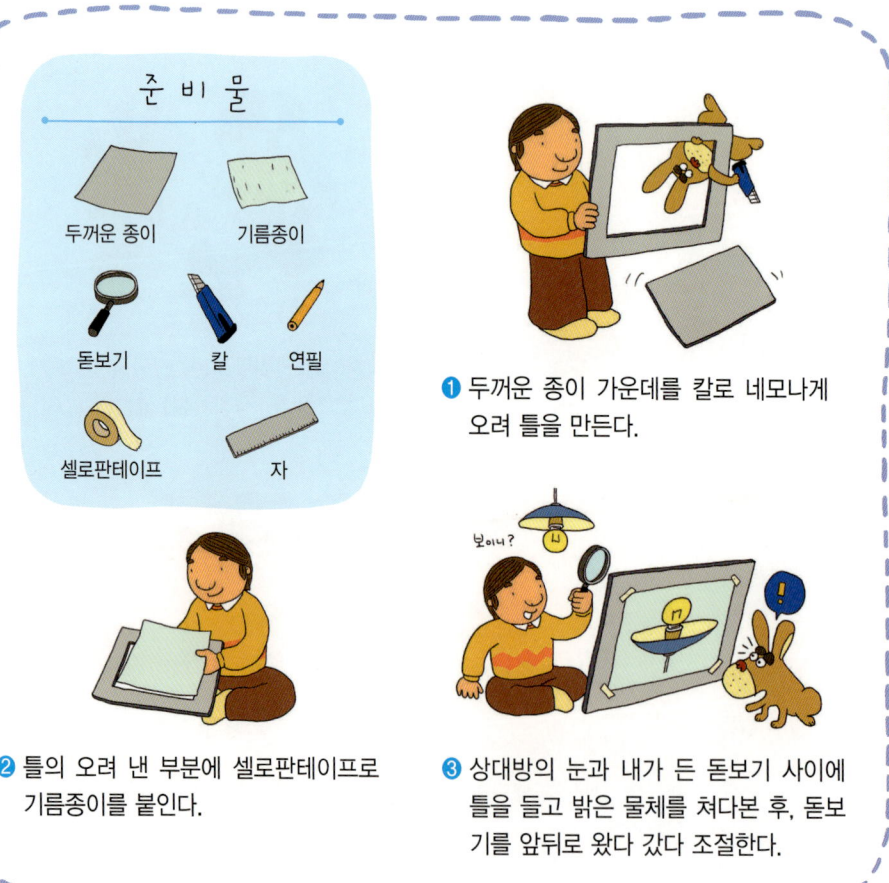

어때? 틀에 물체의 상이 거꾸로 맺히는 것을 볼 수 있지? 볼록 렌즈인 돋보기는 우리 눈의 수정체와 같은 역할을 하고, 기름종이는 망막과 같은 역할을 한 거야. 자, 이제 우리 눈의 망막에 상이 어떻게 맺히는지 알겠지? 물론 거꾸로 보이는 상은 뇌에서 다시 뒤집어 바로 인식하게 해 주는 거야.

② 나는 색맹일까?

혹시 내가 색맹인지 걱정되는 친구가 있어? 그럼 아주 간단하게 테스트를 할 수 있지. 한번 해 봐.

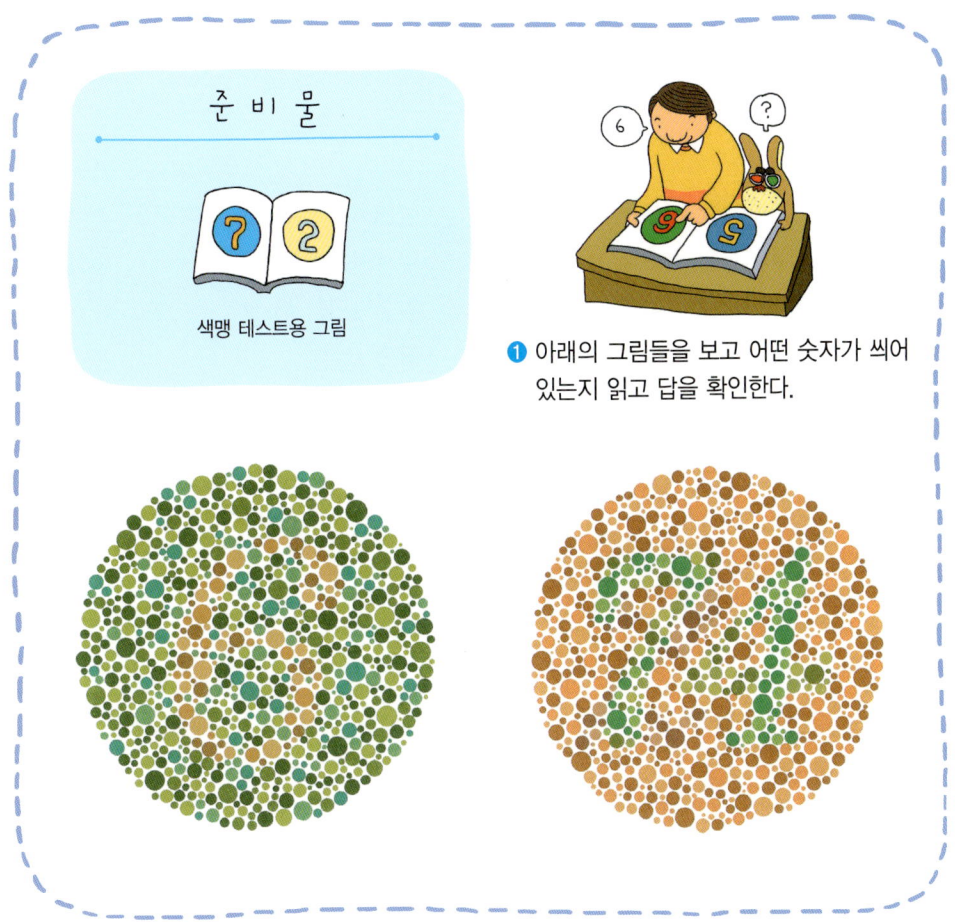

❶ 아래의 그림들을 보고 어떤 숫자가 씌어 있는지 읽고 답을 확인한다.

답은 '6'과 '74'야. 어때, 제대로 읽었어? 그렇다면 걱정하지 않아도 돼. 만약 숫자가 제대로 보이지 않았다면 병원에서 정밀한 테스트를 받아 보는 게 좋겠지? 색맹은 빨강과 초록을 구별하지 못하는 적록 색맹, 파랑과 노랑을 구별하지 못하는 청황 색맹, 색을 전혀 구별할 수 없는 전색맹 등 다양해.

찾아보기

ㄱ
각막 131
간상 세포 132
감각 기관 130
고체 38
공룡 뼈 화석 51
공막 131
과속 방지 카메라 93
관성 90
기체 39
김 28

ㄴ
뇌 131
눈 131

ㄷ
동공 131
드라이아이스 40

ㄹ
랩 163
레이던병 161

ㄹ
루미놀 검사 31

ㅁ
망막 131

ㅂ
바큇자국 89
번개 163
보청기 120
분자 38

ㅅ
색맹 122
석유 72
석탄 72
소화기 149
속력 91, 100
속력 비교하기 101
수정체 131
수증기 28
승화 40
시세포 131

시속 91, 100
시신경 131
시조새 화석 60

ㅇ
안전거리 103
알로사우루스 51
암모나이트 53, 60
압력 41
액체 39
원자핵 161
원추 세포 122, 132
위조 화석 64
유증기 151
육성층 72
융해 39
응고 39

ㅈ
적록 색맹 122, 133
전류 160
전색맹 133

전압 151
전자 161
전하 161
정전기 150, 160
제한 속력 91, 103
종이 34
중성 161

ㅊ
초속 100

ㅌ
탈레스 161

ㅍ
필트다운인 64

ㅎ
해성층 72
홍채 131
화석 58, 70